现代公司治理理论
与实践发展研究

武正雄 / 著

中国商业出版社

图书在版编目（CIP）数据

现代公司治理理论与实践发展研究 / 武正雄著.
北京 ： 中国商业出版社，2024. 6. -- ISBN 978-7-5208-
2970-0

Ⅰ．F276.6

中国国家版本馆CIP数据核字第2024WOK112号

责任编辑：许启民

策划编辑：武维胜

中国商业出版社出版发行

（www.zgsycb.com 100053 北京广安门内报国寺 1 号）

总编室：010-63180647 编辑室：010-83128926

发行部：010-83120835/8286

新华书店经销

北京亚吉飞数码科技有限公司印刷

*

710 毫米 ×1000 毫米 16 开 11.75 印张 186 千字

2024 年 6 月第 1 版 2024 年 6 月第 1 次印刷

定价：80.00 元

* * * *

（如有印装质量问题可更换）

前　言

　　我国为加快建设世界一流企业，2023 年 12 月 29 日修订的《中华人民共和国公司法》明确规定，要"完善中国特色现代企业制度"。公司是现代经济体系最重要的微观主体，是促进共同富裕的重要力量，但多次公司法的修订说明公司制度存在不完善之处。公司治理的本质是构建一套制度系统，其目的是弥补公司制度的不完善之处，构建良好的公司治理体系。我国理论界虽然针对公司治理的研究已经延续多年，但是对公司治理的改革从未停止。为了保证公司能够健康有序并且可持续地发展，良好的公司治理是其核心。

　　研究分析近年来国内外企业的经营管理状况可以发现，许多治理薄弱的公司都付出了惨重的代价，不仅造成公司自身财产的损失，而且那些违规甚至违法的公司对社会来说也是巨大的危害。

　　随着时代的不断进步，企业也迅速发展壮大，变幻莫测的市场环境对公司来说既是机遇也是挑战，有些公司一路飙升，有些公司稳中求胜，有些公司则一败涂地。历史的经验与教训时刻警醒着我们，我国要想实现"走出去"，就需要先学习先进的方法，汲取良好经验。因此，如何对公司治理进行改革，如何达成有效的公司治理，成为众多学者关注的重点。

　　针对以上情况，作者在对公司治理的相关内容进行梳理的基础上，精心策划并撰写了本书，以期弥补当前公司治理理论与实践发展方面研究的不足。本书共分为六章。第一章作为全书的导言，介绍了公司治理的产生与发展，并在阐述公司治理的相关理论的基础上，对公司治理的范畴和意义进行了概括性介绍。第二章分析了公司内部治理结构，重点阐述了公司治理的内部影响因素、公司治理结构的概念与特征、公司内部治理结构的基本框架与内容、公司治理结构与内部控制体系优化。第三章分析了公司外部治理机制，重点论述了公司治理的外部影响因素以及信息披露机制、控制权市场机制、利益相关者监督机制在公司治理中的作用。第四章介绍了公司治理模式，并重点分析了外部控制主导型公司治理模式、内部控制主导型公司治理模式、家族控制型治理模式、内部人控制型治理模式，探讨各自的特征、利弊及发展。第五章介绍了公司治理评价，重点分析了公司治理评价的内容与基本原则、公司治理评价体系的研究、公司治理评价的实施与意义。第六章研究了公司治理的现代化，分析了公司治理现代化的内涵与要求以及公司治理体系与治理能力现代化建设的实践路径。

本书对公司治理进行了深入的探讨，主要有以下特色：一是本书具有全面性。公司治理已经渗透多个方面，涉及的参与者众多，无论是公司内部的股东、董事会、监事会、管理层，还是公司外部的机构投资者、证券市场、商业银行，都离不开公司治理，本书囊括了对这些领域的探讨，为提升公司治理效率提供了一些参考。二是本书具有系统性。公司治理涵盖范围非常广，使得公司治理理论越来越复杂，本书的结构完整、层次清晰，将理论基础与前沿研究巧妙结合，将原则性与灵活性系统地展现出来，对指导公司治理实践具有一定借鉴意义。三是本书具有前沿性。除了基础理论之外，本书加入了新颖性的研究，针对公司法的修订、公司治理现代化实践路径进行了讨论，此类内容为公司治理的研究提供了新视野，对于公司治理的完善具有指导意义。

作者在参阅大量相关文献和资料的基础上，撰写了本书，旨在推进我国公司治理发展的进程。由于时间仓促，作者水平有限，书中难免会有疏漏，还望各位专家、读者批评指正。

作　者
2024 年 1 月

目 录

第一章

公司治理理论基础

　　企业或公司在人类历史中扮演了重要的角色，它们是众多类型的团体或组织中的一种。公司具有所有组织的共性，如治理问题，这涉及如何解决集体行动的困境与合作。公司治理的核心在于平衡利益相关者的利益，确保公司的决策和行动符合法律、道德和可持续性的要求。然而，公司也有其个性。不同的公司具有不同的业务模式、组织结构和文化，这决定了它们在市场竞争中的优势和劣势。公司的个性还表现在它们如何应对变革、创新和风险等方面。一些公司可能更倾向于保守，而另一些公司则更加冒险和激进。因此，对于公司的成功，既需要关注其共性，如良好的公司治理和利益相关者管理，也需要关注其个性，如适应市场变化和持续创新的能力。只有全面考虑共性和个性因素，公司才能在竞争激烈的市场中获得长期的成功。

　　公司治理是为了确保公司的高效运作和科学决策，以平衡公司内部和外部利益相关者的权利和责任的一系列制度安排。这些安排包括董事会、股东会、管理层和其他利益相关者的角色和责任，以及他们之间的监督和制衡机制。理论基础包括委托代理理论、利益相关者理论、公司契约理论等，这些理论为公司治理提供了重要的理论支持和实践指导。建立有效的公司治理结构，可以降低代理成本、提高公司绩效、增强公司信誉和透明度，从而增加公司的长期价值。

第一节　公司治理的产生发展

　　公司治理问题自公司制度产生以来一直存在，但直到 20 世纪 80 年代，由于公司治理引发的问题层出不穷，并对国家的经济产生了重大影响，才引起了人们的广泛关注。公司治理问题的产生主要源于信息不对称、激励机制不足、法律和监管不力以及文化和道德观念的缺失。这些问题导致了诸如管理层利用信息优势谋取私利、股东权益受损、管理层缺乏追求公司整体利益的动力等现象。

　　公司治理问题涵盖了股东权利保护、董事会职责、管理层激励、透明度和信息披露、外部审计等方面。良好的公司治理应确保公司的决策和行动符合股东和其他利益相关者的最佳利益，同时遵守法律、道德和可持续性的要求。良好的公司治理能提高公司的透明度，增强投资者信心，促进公司的长期稳定发展。

　　公司治理没有固定的模式，因为每个公司都有自己独特的业务、组织结构和文化。不同的公司需要根据自己的情况，制定适合自己公司的治理结构和规则。解决公司治理问题需要从多个方面入手，包括加强法律和监管、优化董事会结构、建立激励机制以及加强文化和道德建设等。同时，公司需要设计监督与制衡机制以填补制度设计的盲点，并根据社会经济的发展特性制定一套机制来协调公司与所有利益相关者之间的利益关系。总之，解决公司治理问题需要综合考虑企业特性、制度设计、社会经济特性等多个因素。

一、公司制度的演变

（一）古典公司制度

1. 个人业主制公司

个人业主制公司，也被称为个人独资公司，是一种由一个自然人投资并拥有全部资产的经济组织。这种公司形式具有以下特点：首先，出资人仅限于一个自然人，公司不具备法人资格；其次，公司掌舵人享有公司的全部权利，可以完全支配公司的财产和经营管理权。

个人业主制下的公司，组建程序简单易行、规模较小、人员结构简单、产权转让自由、公司经营的相关信息保密性强。然而，个人业主制下的公司也存在一些固有的缺点，如业主需承担无限连带责任、高风险与高前景的行业可能会受到无限连带责任的制约等，这就限制了公司的投资范围。

2. 合伙制公司

合伙制公司的特征包括合伙协议作为成立基础、不具备法人资格、强调人的联合以及合伙人承担无限连带责任。合伙制公司的出现，是为了扩大公司发展的资金来源，从个人业主制公司发展而来。合伙制公司可以解决个人业主制下物力和人力资源匮乏的问题，但也会因合伙人决策分歧产生协调成本，阻碍公司发展。此外，合伙制公司同样存在个人业主制的高风险和弱生命力等缺陷。

（二）现代公司制度

公司制度的发展经历了从古典公司制度到现代公司制度的演进。这一演进旨在满足公司对物质资本和人力资本的需求。个人业主制公司和合伙制公司归入古典公司制度，而大型公司则归入现代公司制度。近代公司起源于16世纪以前的海外贸易，后来在17—18世纪扩展至交通运输和金融业，19世纪下半叶后，现代公司大量地出现在制造业中。

1. 近代公司的发展

近代公司的产生是社会化大生产的产物，集中体现在贸易的广泛发展和信用制度的出现。15—16世纪的航海大发现促进了世界贸易的空前发展，因此需要大量资金支持，但个体商人无法提供如此大规模的资金，而公司筹资恰恰满足了这一需求。国内外贸易的蓬勃发展造就了大批拥有大量资金的商人，为社会集资成立公司提供了可能。

合组公司没有共同资本，各成员经营各自的资本，并对公司只承担遵守规约的义务。为了防止恶性竞争，组成强强联合的商业团队，由政府或国王特许成立特许股份公司。这种公司组织不仅享有商业独占权，还是一种政治军事组织。

与现代公司相比，近代公司在公司治理方面还不够成熟，但已开始呈现一些特征：出资者对公司承担的责任从无限责任向有限责任发展，公司的所有权与经营权开始分离，股份公司逐步占据主导地位。

2. 现代公司的发展

19世纪末，随着资本主义由自由竞争过渡到垄断阶段，现代公司开始兴起。公司的发展并非一开始就在所有产业部门全面展开，而是按照一定的客观历史顺序进行。最早兴起的公司主要集中于贸易领域，主要经营外贸业务。这些公司不仅带来了先进的商业理念和管理经验，也为中国的商业探索提供了新的思路。

与近代公司相比，现代公司呈现许多新的变化和特点。

（1）公司在国民经济中的中心地位。随着现代市场经济的发展，公司成为国民经济的主要推动者和创造者。它们在生产、流通、服务等领域中发挥着核心作用，为社会创造了大量的财富和工作机会。

（2）公司规模扩大与股权分散化。随着技术的进步和市场的发展，许多公司逐渐扩大规模，甚至形成跨国公司和集团公司。同时，股权结构也发生了变化，股东数量不断增加，股权日益分散。这使得更多的人和组织有机会参与公司的经营活动，但也带来了管理和决策上的挑战。

（3）股东多元化。现代公司的股东来源广泛，不仅限于自然人，还包括企事业单位、政府部门、外国法人和个人等。这种多元化的股东结构为企业带来了更多的资源和支持，但也要求公司在处理股东关系时更加谨慎和透明。

（4）公司的大型化、集团化、国际化和股份化趋势。随着市场竞争的加剧和全球化的发展，许多公司通过合并、收购等方式实现大型化、集团化，并积极拓展国际市场。同时，股份制成为现代公司的主要组织形式，这有助于筹集资金、分散风险和实现规模经济。

（5）公司立法和治理的完善。为了规范公司的行为和维护市场的公平竞争，各国政府和国际组织正在不断完善相关的法律法规和监管政策。同时，公司内部建立了更加完善的治理结构和机制，以确保决策的科学性和透明度。

二、现代公司制的基本特征与类型

在 20 世纪初期，哈佛大学的威廉·李普里出版了《大街与华尔街》一书，该书关注了公司管理层如何通过剥夺普通股股东的投票权，以及发行无投票权的优先股来削弱优先股股东的权力。伯利和米恩斯沿袭了这一思路，并开始关注经理人利用权力积聚损害股东利益的问题。他们提出了著名的所有权与控制权分离的论断。

随着工业革命的发展，公司规模不断扩大，形成了一种"大的就是美的"的观点。到了伯利和米恩斯的时代，现代公司的主要特征包括一体化倾向明显、官僚层级组织和两权分离。这些特征的形成使得物质资本所有权成为公司权力的基本源泉，公司治理的研究重心也转向了保护物质资本所有者的利益。简言之，伯利和米恩斯的"现代公司"理论引发了人们对公司治理问题的研究，其核心是股东利益至上，这与当时公司的特征相符合。

公司制的基本特征包括有限责任和法人地位。

（一）公司的定义

公司存在的目的和意义是多维度的，超越了个人的能力和寿命限制，这也是公司面临的挑战。历史上有一些人试图通过民主或专制的方式控制另外一些人，但都遭到了失败。因此，人类试图控制一个机构是更大的挑战。

关于公司理论有两个重要分支：新制度经济学和产业组织理论，前者研究公司性质，后者研究公司行为。有人认为公司是简单的"契约组合"，是促使其产生的所有契约的总和。另一些学者提出不同看法，例如，艾恩·兰德认为资本主义允许每个人自由选择工作、实现自己的理想，并据此给予奖励。

（二）公司的类型

随着社会经济的持续发展，市场经济逐渐成为基础，企业法人制度成为主体，公司制度成为核心。

1. 有限责任公司

有限责任公司是一种企业法人形式，其由一定人数的股东出资设立。根据我国公司法规定，有限责任公司由一个以上五十个以下股东出资设立，股东仅以其认缴的出资额为限对公司承担责任，而公司则以其全部财产对公司的债务承担责任。公司作为企业法人，享有独立法人地位，公司需以其全部资产米清偿债务。因此，有限责任公司的股东承担的是有限的责任，这意味着风险被限制在出资额的范围内。

有限责任制度的出现被誉为一场"公司革命"，它催生了现代公司制度。

2. 股份有限公司

根据《中华人民共和国公司法》，设立股份有限公司应当有一人以上二百人以下为发起人，但对股东数量没有最高限制。股份有限公司负债时，全体股东仅需以其认购的股份为限对公司承担责任。这表示在股份公司的形式中，股东们承担的是有限的责任。因此，股份公司通常被称为"股份有限公司"。

随着现代公司制度的发展，呈现出股权高度分散化和管理日趋复杂化的特点。

（1）股权结构分散。随着公司的发展和融资需求，公司的股东数量不断增加，股权结构呈现高度分散化的趋势。这导致了股东之间的利益差异和沟通成本增加，同时也增加了公司的治理难度。

（2）所有权与经营权分离。现代公司制度中，所有权与经营权分离是一个重要特征。股东拥有公司的所有权，但通常不直接参与公司的日常经营。经营权由公司的高级管理人员掌握，他们负责公司的日常运营和管理。这种分离有助于提高公司的专业化水平和规模化程度，但也带来了代理问题和监督挑战。

（3）决策复杂化。随着公司规模和业务的不断扩大，公司的决策过程也日趋复杂。公司需要处理各种内外部因素，如市场需求、技术进步、行业竞争等，这些因素使得公司的决策过程更加复杂和不确定。

（4）管理层次化。随着公司规模的扩大，公司的管理层级不断增加，形成了多层次的管理结构。这种层次化管理有助于提高公司的管理效率和执行力，但也带来了信息传递的延迟和决策效率的降低等问题。

（5）组织文化多元化。现代公司通常拥有来自不同背景和文化的人员，这使得公司的组织文化呈现出多元化的特点。这种多元化有助于提高公司的创新能力和适应性，但也带来了文化冲突和融合问题。

（6）监管与合规要求提高。随着法律法规和监管政策的不断完善，公司需要更加严格地遵守相关规定，并加强内部监管和风险控制。这有助于提高公司的规范化程度和透明度，但也增加了公司的运营成本和法律风险。

（三）公司的特征

在法律上，公司被视为一种虚拟化的"人"，但其核心是一种结构。公司的演化经历了达尔文式的进化过程，随着产品和服务的不断发展，公司变得更加强大、灵活且难以被外界控制。那么，是什么让公司这种形式如此吸引人呢？

哈佛大学法学院的罗伯特·C.克拉克（Robert C. Clark）认为，自19世纪后期以来，随着经济的不断变化，超大规模企业的需求日益增长。例如，雇佣1000人以上的公司开始出现，资本的来源也变得更加广泛，公司不再是仅由少数富人出资，而是由更多人共同集资。同时，私有财产的观念逐渐深入人心，人们开始认识到财产不仅属于政府、教会或特定的富人。

因此，公司的重要性主要体现在以下四个特征：首先，公司为投资者提供了一种有效的组织形式，使他们能够共同投资并分享回报；

其次，公司通过有限责任保护了股东的投资风险，降低了个人承担的风险；再次，公司使得大规模生产和销售成为可能，从而推动了经济发展和科技进步；最后，公司促进了资本市场的形成和发展，使得资金能够更好地流通和分配。

1. 投资者的有限责任

随着现代公司的发展，有限责任制度的产生起到了关键作用。有限责任制度的意义在于它促进了外部资本市场的发展，降低了成立公司的社会信任成本和人身依赖性。有限责任制度的意义在于它使创办公司的人不再因担心破产而畏手畏脚，这有效地促进了公司的快速发展，进而推动了经济的快速增长。

2. 投资者股份的可转让性

股权的可转让性使得股东面临的风险变得可以接受，股票可以像现金一样自由流动。当股东认为股票价值可能下跌时，他们可以选择出售手中的股票。股票的转让也会受到法律的限制，具体规定可以参照《中华人民共和国证券法》。

拥有股票意味着股东拥有一定的权利，但同时也承担着相应的风险。他们将一部分财产置于风险之中，可能无法直接控制公司的经营。在某些情况下，股东唯一的权利可能只剩下卖出股票。

3. 法人资格

法人是指社会组织在法律上的独立人格，它由法人的财产、名称、住所等构成。法人的财产来自股东的投资，一旦完成资产到股本的转换，股东只保留股权，而公司则获得对全部资产的主要支配权。法人财产权的核心在于"独立"二字，公司与股东或其他利益相关者在法律面前是平等的个体。虽然法人的财产归属于法人本身，但实际上是由具体的人来控制和使用的。这个矛盾是公司制度的一个弱点，也是公司治理需要关注的地方。

与合伙制不同，公司只要拥有资本就可以一直经营下去，这是公司制度最具吸引力的一点。法人资格还有其他益处，但也有一些弊端。例如，在某些情况下，将责任推到公司上可以避免个人受到惩罚甚至可以避免被追究刑事责任。例如，世通公司的CEO埃伯斯被判入狱

25 年，而南方保健公司的 CEO 斯克鲁西在会计和财务丑闻中被判无罪，只是被禁止获得奖金。

当公司犯罪是由经理人的原因导致时，经理人和董事是否应该个人支付罚金？公司是否需要支付罚金？是否会有人因此离开公司？谁应该承担这些成本？当前的法律体系对于违法行为能否给予足够的威慑？这些都是法人资格的弊端，使得公司难以承担相应的法律责任。因此，对于公司的违法行为，应该根据具体情况综合考虑法律、道德和利益等方面的因素，采取相应的措施来保护各方面的利益。

4. 集权管理

在合伙企业的管理中，少数服从多数的原则是主导，每个人都享有平等的发言权。而公司管理则主要由董事会决策，经理人掌握公司的经营管理控制权。

在公司的发展进程中，经理人革命和有限责任革命是两大重要变革。众所周知，有限责任的产生意味着公司只需承担有限的风险，将股东的风险上限限定在出资额上。然而，有限责任和经理人革命也存在一个问题：股东虽然承担的是有限风险，但为了实现公司效率的最大化，他们放弃了公司除最基本问题之外的所有事务的决策权。

三、公司治理产生根源

随着社会经济的进步，公司组织形式也在不断演变。现代公司出现了股权分散化、所有权与经营权分离等重要特征，这些变化导致了很多公司治理问题的出现，使其成为公司的核心焦点。

（一）股权高度分散化

随着公司组织形式的演变，公司股权结构经历了从少数人持股到社会公众持股，再到机构投资者持股的转变。这种股权分散化的结构对经济运行产生了深远影响。在早期的公司制度中，股权结构相对集中，只有少数股东持有股份。但随着公司规模的扩大，股权结构逐渐分散，股票流通至社会公众手中。随后，一些国家出现了机构投资者大量收购和持有股票的现象，尤其是以美国为代表的发达国家，机构持股得到了迅速发展。这些机构投资者在持有股票后，也进行了分散投资，导致公司的股权结构仍然高度分散。在美国，最大的股东持有的公司股份通常也低于5%。这种高度分散的公司股权结构有助于促进公司的快速发展。首先，由于持有股份的人数众多，即投资人多且需求多样化，股票买卖交易活跃，转让相对容易。在这样的市场条件下，公司通过资本市场进行投资和融资的机会增多。其次，公司可以通过较少份额的股份实现控制权，并通过资本市场进行大规模融资，以满足公司发展所需的大量资金。此外，高度分散的股权结构意味着产权关系清晰明确，所有者的产权明晰为资本市场的有效运行奠定了良好基础。

然而，公司股权的高度分散也可能给公司发展带来一些弊端。首先，股权分散意味着股东众多，难以在公司决策和运营过程中达成一致的目标，导致公司治理成本增加。其次，股权分散可能导致对公司经营者的监督弱化。大量的小股东由于持股份额较少，可能缺乏足够的动力和能力进行有效的监督，这可能是公司经营者内部控制的问题。最后，分散的股权结构也可能使公司面临被收购的风险。例如，万科被宝能收购的案例就体现了在股权分散结构下，公司可能面临被机会主义者掠夺的风险。

（二）所有权与经营权分离

随着公司的发展，资本家逐渐认识到人力资本与物质资本同样重要。虽然资本家拥有财务资本，但他们可能缺乏管理知识和经验。具有管理知识的人逐渐成为日益稀缺的人力资本，并在要素市场中独立于资本和劳动，成为公司不可或缺的组成部分。

为了更好地发展公司，资本家们逐渐倾向于聘请具有较强管理能力和专业知识的经理人来经营公司，这导致了公司所有权与经营权的分离。由于股东数量庞大、股权分散，无法由全体股东直接管理公司，必须委托经理人来经营。股东作为委托人，将公司的经营权交给经理人，而经理人作为股东的代理人，拥有公司的经营权。

在现代公司中，股东会、董事会和经理层等之间形成了多重的委托—代理关系。在这些关系中，代理人往往比委托人掌握更多的信息，导致出现信息不对称的现象。当委托人与代理人的目标不一致时，代理人可能会利用信息优势做出损害委托人利益的行为。例如，经理人可能会利用手中的职权和公司信息转移公司财产和利润，损害股东的利益。

第一本关于公司治理的专著是阿道夫·A.伯利（Adolf A. Berle）和加德纳·C.米恩斯（Gardiner C. Means）在1932年出版的《现代公司与私有财产》一书。他们提出了"股权分散导致的两权分离"，这属于公司治理范畴。而经营管理决策权沿着管理层级的分权、授权，是公司管理的内容。这种分离对公司的行为产生了影响，导致两个利益主体之间的权利分割，进而引发公司行为目标的冲突。虽然有些公司实现股份制后，所有者仍然掌握着公司的控股权，但大多数公司因为股份制成为公众公司，股票所有者一般不参与公司的实际经营。这可能导致出现激励不相容问题，即股东目标和经营管理者利益目标出现偏离。

由于经理与股东的利益可能不一致，缺乏对经理行为的充分了解渠道，因此出现了委托代理问题。很多学者认为，公司治理的职责在于制衡经理或控制股东，以保护全体投资者的利益。

四、公司治理的核心

公司治理的核心任务是建立一套完善的制度安排，以减少公司发展过程中的激励不兼容和信息不对称问题，从而更好地保护包括股东在内的公司利益相关者的利益。

（一）减少激励不相容

现实中并不存在完美的制度。尽管人类对于美好制度的向往驱使我们不断探索和尝试，但"乌托邦"式的理想制度并不存在。在历史的长河中，我们常常可以看到，寻求所谓"好制度"的过程中，往往会出现意想不到的"专治暴政"。

从经济学的角度看，无论制度多么完善，都难免存在漏洞。但一个好的制度，如激励相容的制度，可以促使个人行为与集体目标相一致。然而，现实中往往更多的是"激励不相容"，也称为"代理两难问题"。在公司治理中，股东大会委托董事会行使权力，董事会再委托管理层经营公司。这种"委托—代理"机制看似合理，实则存在重大问题。委托人和代理人之间往往存在利益冲突，导致代理人为自己谋取私利而损害委托人的利益，这种现象被称为"代理两难"。

解决代理两难问题的方法之一是通过制度安排。例如，让代理人购买公司股份，从而将他们的利益与公司的利益绑定在一起。这样代理人的自私行为反而会促进公司的盈利，从而实现私利与公利的统一。这种制度安排利用了人性的自私，通过正确的激励机制，使"自私"成为推动大家共同获益的动力。

公司治理的核心就是通过一系列的制度设置，尽量减少公司发展过程中的激励不相容和信息不对称，以保护包含股东在内的公司利益相关者的利益。

（二）减少信息不对称

举个例子，如果你是房屋所有者，决定将自己的房子委托给房产中介出售，这就形成了一种典型的委托代理关系。作为委托人，你的目标是尽可能地高价出售房子。而中介作为代理人，他们的目标是平衡买卖双方的利益，促成交易。房子的保底价是500万元，正常的佣金比例为2%，即10万元。你为了激励中介努力推销，提出了一个激励方案：如果售价超过500万元，超出部分的佣金比例提高到4%。设想如果房子以550万元的价格售出，中介就能多赚2万元。在你看来，这是一个双赢的局面。然而，从经纪人的角度来看，他们并没有足够的动力去争取更高的售价，因为为了获得额外的2万元，他们可能需要付出更多的努力。对于他们来说，这额外的努力带来的边际收益只有2万元，而之前同样的努力却可以获得10万元的收益。

为什么会这样呢？这是因为信息不对称。作为委托人，你很难完全了解经纪人的真实动机和工作情况。在信息不对称的条件下，制度设计至关重要。公司治理的目标就是通过合理的制度安排，减少委托人和代理人之间的信息不对称，规范代理人的行为，从而保护各方的利益。

五、公司治理问题的产生和表现

随着公司制度的诞生与演进，公司治理问题也随之出现并持续发展。在不同阶段，公司治理问题的特点各异。

（一）业主制企业治理问题的特征

在业主制企业中，不存在分权和权力平衡的问题，这一形式存在治理方面的问题，主要表现在企业主自身的管理和决策能力。当企业主在面对复杂的问题时，他们可能无法单凭自己的能力做出明智的决策。

（1）所有权与经营权合一。业主制企业的所有者同时担任经营者的角色，拥有企业的全部所有权和经营权。这使得企业的决策和经营完全依赖业主的个人判断和决策，缺乏制衡和监督机制。

（2）决策个人化。由于业主制企业的所有权和经营权合一，企业的决策完全依赖业主的个人判断和决策，缺乏集体决策和制衡机制。这可能导致决策失误的风险增加，因为个人的经验和知识可能有限，无法全面考虑各种因素。

（3）缺乏专业管理。业主制企业通常是小规模企业，业主可能缺乏专业的管理知识和经验，导致企业管理效率低下，资源利用率不高。同时，由于个人精力有限，难以对企业进行全面管理，这些问题可能导致企业运营不规范、不透明。

（4）家族化经营。在业主制企业中，家族化经营是一种普遍现象。家族成员通常担任企业的重要职位，实行家族化管理。这种管理模式可能导致企业决策不科学、不规范，甚至出现任人唯亲、权力过度集中等问题。

（5）融资困难。业主制企业由于规模小、经营风险大，往往面临融资困难的问题。企业融资主要依靠业主的自有资金和亲友借贷，难以从正规金融机构获得贷款支持。这限制了企业的规模扩张和发展机会。

（6）企业寿命短。由于业主制企业的所有权和经营权合一，企业的命运完全取决于业主的个人能力和寿命。一旦业主退休或去世，企业可能会面临经营困境甚至倒闭的风险。此外，由于企业规模小、竞争力弱，也难以抵御外部风险和竞争压力。

（二）合伙制企业治理问题的特征

在合伙制企业中，无论是有限合伙还是无限合伙，都不是所有的合伙人都会参与企业的经营管理。这种分工导致了出资合伙人和管理合伙人之间的代理问题，这是最早的公司治理问题之一。具体来说，代理问题产生的原因是管理合伙人拥有企业经营的决策权，而出资合伙人则主要承担出资义务。由于管理合伙人和出资合伙人的利益诉求可能存在差异，管理合伙人可能会追求自身利益最大化，而忽视出资合伙人的利益。这可能导致经营决策的不合理、资源分配的不公等问题。

（1）代理问题。在合伙制企业中，由于合伙人分为出资合伙人和管理合伙人，代理问题成为一种常见现象。管理合伙人负责企业的日常经营和决策，而出资合伙人则主要承担出资义务。由于利益诉求可能存在差异，管理合伙人可能会追求自身利益最大化，这就导致经营决策可能不符合全体合伙人的利益。

（2）决策效率低下。在合伙制企业中，由于合伙人之间存在相互代理的关系，决策过程可能变得复杂和低效。合伙人之间的沟通和协调可能存在障碍，导致决策时间过长、错失商业机会等问题。

（3）利益冲突和道德风险。由于合伙制企业的合伙人对企业的债务承担无限连带责任，他们的个人资产面临较大的风险。这可能导致合伙人在决策时过于保守或冒险，从而引发利益冲突和道德风险。例如，某个合伙人可能为了个人利益而做出损害企业整体利益的决策。

（4）规模限制。合伙制企业的规模通常相对较小，这限制了企业的融资能力和市场竞争力。虽然合伙制企业可以通过吸收新合伙人或增加投资来扩大规模，但这些都需要经过所有合伙人的同意，并可能引发利益分配和管理模式等方面的矛盾。

（5）合伙人的生命周期影响。合伙制企业的存续往往受到合伙人生命周期的影响。一旦部分合伙人退出或死亡，可能导致企业的不稳定或经营中断。因此，合伙制企业在招募新合伙人时需要谨慎选择，并提前规划企业的传承问题。

（三）公司制企业治理问题的特征

1. 大股东控制和小股东控制的公司治理问题

大股东控制和小股东控制的公司治理问题是一个复杂且重要的话题。在股权结构较为集中的公司中，大股东通常拥有较大的控制权，可以对公司的经营决策产生重大影响。而小股东则往往缺乏足够的发言权和影响力，容易受到大股东的压制和剥削。

一方面，大股东控制的公司可能会存在一些积极的影响。大股东有更强的动力和意愿对公司进行管理和监督，有助于降低代理成本和提高公司治理水平。同时，大股东的控制有助于确保公司的战略和决策的一致性和稳定性。另一方面，大股东控制的公司可能存在一些负面影响。大股东可能会利用其控制权谋取私利，牺牲小股东的利益。这可能会导致小股东的权益受到侵害，甚至可能引发公司内部的利益冲突和社会问题。

相比之下，小股东控制的公司可能更加平等和民主，小股东的权益得到更加充分的保障。但是，由于小股东数量众多且持股份额较小，公司的决策效率和稳定性可能会受到影响。同时，小股东也可能存在"搭便车"的心理，不愿意积极参与公司的管理和监督，从而导致代理成本上升和公司治理水平下降。因此，为了实现公司治理的良性发展，需要平衡大股东和小股东的利益关系。这需要建立和完善公司治理机制，包括加强信息披露、推行独立董事制度、优化股权结构等。同时，也需要提高小股东的权益保护意识，鼓励他们积极参与公司的管理和监督，促进公司治理水平的整体提升。

2. 经理人控制问题

经理人对企业控制力的加强意味着他们并不会完全为股东利益最大化的目标进行经营管理，这导致了以下问题。

（1）经理人的薪酬问题。经理人的薪酬应该由基本工资、奖金、福利等多个部分组成。其中，基本工资应该根据经理人的职责、经验和市场行情等因素确定；奖金应该与公司的业绩和经理人的工作表现相挂钩，以激励经理人更好地完成工作；福利则应该考虑公司实际情况和文化等因素，为经理人提供更好的工作和生活环境。经理人的薪酬问题在公司治理中是一个重要的议题。这是因为经理人作为公司的管理者和决策者，其薪酬水平直接影响着他们的工作积极性和公司的发展。一方面，经理人的薪酬应该与其职责和贡献相匹配。高薪可以激励经理人更加努力地工作，提高公司的业绩和效益。另一方面，过高的薪酬也可能引发道德风险，导致经理人过度追求短期利益而忽视公司的长期发展。此外，不合理的薪酬制度还可能引发股东的不满和抵制，进而影响公司的治理结构和稳定性。

（2）管理腐败问题。经理人的在职消费已成为关注的热点。过度消费（如使用豪华办公室和专车等）会减少股东的财富，而经理人只需为此承担很小的一部分支出。这可能导致经理人为了个人利益而牺牲公司利益，从而损害股东和其他利益相关者的利益。为了解决这些问题，公司需要建立有效的监督和激励机制，确保经理人以股东利益最大化为目标进行经营决策。同时，公司应采取措施限制经理人的在职消费和其他可能损害公司利益的行为。

（3）债权人利益与有限责任的问题。债权人利益与有限责任的问题在公司治理中确实是一个重要议题。当企业从银行等金融机构借款时，债权人承担着一定的风险。在公司破产的情况下，债权人具有优先获得赔偿的权利。然而，有限责任制度使得股东仅需承担其投资额或所认购股份的有限责任，这在一定程度上限制了债权人获得完全赔偿的可能性。在有限责任制度下，股东可能会利用这一特性来规避债权人的利益。例如，股东可能会采取高风险的经营决策，因为即使企业破产，他们的个人资产也不会受到超出其投资额的损失。这种行为可能对债权人造成损害，导致其无法完全收回贷款或投资。

为了解决这一问题，一些监管机构和国际组织正在推动公开权益原则的实施。该原则要求企业公开其股东权益，以便更好地打击洗钱、恐怖主义资金等不法活动和维护公共利益。公开权益原则的实施可以增加企业的透明度，减少不诚实的人利用公司进行欺诈、洗钱等活动，从而在一定程度上保护债权人的利益。

此外，一些国家还通过加强公司法和其他相关法律的实施来保护债权人的利益。例如，规定股东在某些高风险决策中需要经过债权人同意，或者增加债权人在企业破产清算中的优先权等。

第二节 公司治理的相关理论

一、交易成本理论

交易活动，作为经济活动中不可或缺的一环，是人类社会经济发展的基石。随着生产力的提升和分工的细化，交易活动逐渐显现并发展壮大。特别是在康芒斯等经济学家的深入研究下，交易成为经济学中的一个核心概念，使得我们对经济活动的理解更为深入。

康芒斯对交易的分类和定义，不仅统一了多种看似无关的经济活动，还为后续的经济分析提供了坚实的理论基础。例如，买卖的交易主要存在于市场环境中，是竞争性的、基于法律平等的关系。这种交易形式促进了资源的有效配置，是市场经济活力的源泉。管理的交易则发生在长期合约下的上下级之间，更多地体现了权力与服从的关系。这种交易形式在企业、政府机构等组织中非常普遍，是组织内部协调和控制的手段。限额的交易则涉及政府对个体或企业的限制关系，如政策规定、许可证等。这种交易形式在一定程度上影响了市场的自由度和企业的经营行为。

康芒斯的交易理论不仅在理论上具有重要意义，也对实际经济活动有着深远的影响。例如，现代企业中的委托代理问题、市场失灵与政府干预的边界、企业组织形式的演变等，都可以从康芒斯的交易理论中找到启示和解释。

然而，康芒斯的交易理论也不是完美无缺的。随着经济社会的发展和全球化的推进，交易的形式和内涵也在不断变化。例如，数字化和互联网的发展催生了一系列新型交易形式，如电商、数字货币等；全球化和跨国贸易也使得交易的地理范围和参与方更加复杂。这些新的交易形式和特点对传统的交易理论提出了挑战，也为我们提供了进一步研究的机会。

（一）理论产生

"交易成本"（Transaction Costs）这一概念最早由经济学家罗纳德·H.科斯（Ronald H. Coase）在 1937 年的经典文章《企业的性质》中提出，是现代经济学的理论基石之一。科斯认为，市场和企业是两种不同的交易机制，企业之所以存在，是因为它可以降低交易成本。交易成本是新制度经济学的核心概念，包括市场交易中寻找交易对象、谈判和签约、监督和执行合同等过程中产生的成本。

交易成本是一个复杂的概念，涵盖了从市场交易到企业内部管理等多个方面。降低交易成本既是企业发展的重要目标之一，也是经济学研究的重要领域之一。

（二）理论内涵

从合约角度来看，交易成本是一个涵盖多个方面的成本集合。首先，信息成本是其中重要的一环，它包括寻找交易对象、搜集和传达信息、对交易的商品或劳务进行描述、检查及度量的所有成本。其次，谈判和签约成本也是交易成本的一部分，这包括与对方进行合约谈判、起草和签署合约时所产生的费用。除此之外，执行和监督成本同样不容忽视，这些成本主要用于确保合约条款得到严格履行，包括解决任何可能出现的纠纷以及监督合约执行等费用。

这一理论不仅解释了企业的性质和范围，还为企业决策提供了重要的参考依据。了解和掌握交易成本的概念和影响因素，有助于企业更好地规划内部生产和外部交易，降低经营成本，提高经济效益，同时也为政策制定者提供了制定有效政策的依据，促进经济的稳定和发展。

二、产权理论

（一）理论产生

在经济学中，我们常常听到这样的观点：效用或满足感并非源自商品本身，而是源自它们所具备的特质。科斯于 1937 年开创了现代企业理论，该理论的核心是用交易成本解释企业的存在。沿着科斯的路径，德姆塞茨和阿尔钦在 1972 年的一篇重要论文中对企业本质进行了深入研究。在他们看来，企业最显著的特征主要体现为生产的团队性质以及"中心签约人"的存在。

团队生产意味着整个生产活动涉及多种不同的生产要素，而这些要素归属于不同个体所有。同时，整个产出并非各个要素贡献的简单叠加，而是每种要素对其他要素的生产力产生影响。这一特点使得在团队生产中准确衡量某一生产要素的贡献程度变得困难，从而为参与生产的个体逃避责任提供了动机。

以搬运大石头为例，整个团队都需要齐心协力才能成功将石头搬到山上。如果某个个体发现石头未动，却无法确定具体是哪个成员偷懒，那么该个体就有动机选择偷懒，因为在一个缺乏有效协调机制的团队中，所有人都出力的可能性较小。

德姆塞茨对经济学的最大贡献在于他对产权的研究。在探讨产权问题时，首要任务是明确产权的定义。德姆塞茨认为："产权就是使自己或他人受益或受损的权利。"值得注意的是，他强调产权针对的是某项特定行为而非某项物品。德姆塞茨从行为角度考察产权的方式，将产权理解为人与人之间的关系，而非人与物的关系。这种定义方法有助于更清晰地分析产权变更后涉及的利益、补偿等行为。如果将产权视为人与物的关系，就很难解释为什么人与物关系的变更会导致人与人之间权利和义务的变动。此外，这种定义方法还扩展了产权分析的范围，使人们能够用产权观点来审视更多现实世界中的问题，而不仅限于生产资料或财产分析。

在探讨产权和所有权之间的关系时，德姆塞茨强调了它们之间的根本差异。他将产权比作一个具体的棋子，而将所有权比作整整一盒棋子。所有权作为一个整体，包含了多项产权。当我们说对一栋房子拥有所有权时，意味着拥有对该房子的系列产权，包括使用、转让、出租和处置等。每一种具体的权利构成了产权的一部分。

（二）理论内涵

1. 产权的定义

（1）"所有权"说。在探讨产权与所有权的关系时，有观点认为产权等同于所有权，强调产权是存在于任何客体中的完全权利，包括与财产有关的权利。这种观点与罗马法和普通法的定义相符，即将产权视为所有权、侵犯权等权利的集合。代表人物佩杰威齐进一步指出，从历史角度看，所有权概念是罗马法中产权概念的延伸。在罗马法中，"所有权"主要强调使用权。因此，所有权可视为产权的子集或特定方面。这种解读方式在法学、经济学和社会学等领域产生了深远影响，为法律制度、市场交易和资源配置提供了理论依据。随着社会和经济的发展，产权和所有权的概念也在演变。现代法律和经济学理论对产权和所有权的理解更加细致和深入，更加关注权利的动态性和多样性。全球化也对产权和所有权的概念产生影响，不同文化背景下的法律体系和经济学理论在解释产权和所有权时可能存在差异，这为学者提供了更多的研究视角和机会。

（2）"法律"说。"法律"说主要从法律层面描述产权，强调产权作为制度规则保障人们对资产的排他性权威。持这种观点的人认为，产权是通过法律和制度形成和确认人们对资产的权利的方式。代表人物阿尔钦认为，产权是授权机制，赋予个人特定权威，允许个人选择不被禁止的方式对待特定物品。产权是规则体系，规定了个人在特定资产上的权利和责任，并为这些权利提供法律保护。这种观点强调法律在产权界定和保护中的核心作用，为市场交易和资源配置提供基础，并为解决产权纠纷提供依据和保障。但"法律"说可能过于强调法律的绝对性和排他性，忽略现实中产权的复杂性和多样性。实际上，产权受多种因素影响，如文化、社会习俗、历史传统等。此外，"法律"说在解释特殊类型产权时也面临挑战，如公共资源或共有资源的场合，产权的界定和保护可能更加复杂，难以完全依靠法律手段解决。

（3）"社会关系"说。"社会关系"说是指反对将产权归结为人对物的权利，认为这只是现象而非本质。持这种观点的人强调产权是人与人之间的关系，而非人与物的关系。他们认为，产权的本质是人们在资产使用过程中发生的社会、经济性质的关系。因此，产权被视为一种经济性质的权利，其核心特征是运动。这种观点的代表人物包括巴塞尔和菲吕博腾等人。

（4）"功能"说。"功能"说是指从产权的功能出发来定义产权，认为真正的产权只能就其某种功能加以解释，而抽象地解释产权缺乏解释力。这种观点强调产权作为协调人们关系的社会工具，其核心作用在于解决外部性问题、提供交易的合理预期以及激励和约束个人的行为。持这种观点的代表人物是德姆塞茨，他认为产权本质上是一种社会关系，而非简单的对物品的关系。

2. 产权的功能

（1）激励功能。产权具有激励功能，这是产权经济学的一个核心观点。产权通过明确和保护经济主体的利益，激励他们积极从事生产经营活动，提高经济运行效率。在市场经济中，商品的交易实质上是产权的交易，而这种交易最终表现为经济利益的交换和分配。当经济主体的利益通过清晰的产权得到保障时，他们就有动力去行动，因为这样做能确保他们获得预期的经济利益。这就是产权的激励功能。这个功能的大小取决于产权的明晰程度。产权越明晰，激励功能越强；反之，则越弱。

（2）约束功能。约束功能是产权的重要组成部分，与激励功能相互补充，共同促进产权的高效运行。要理解约束功能，首先需明确产权关系不仅涉及经济利益，还涉及责任。如果只有利益和激励而没有责任和约束，产权功能无法充分发挥。约束功能主要表现为对当事人的责任约束，在界定产权时，要明确当事人的利益和责任。这种明确的责任约束促使当事人自我约束，是内部约束的表现。外部约束也是产权约束的重要组成部分，如机构或股东对经理的监督。这种内外约束结合有助于提高产权运行效率。当产权主体明确利益和责任并受内外约束时，更可能做出符合产权规则和边界的行为决策，从而提高整个产权体系的运行效率。此外，约束功能减少机会主义行为，由于明确的责任约束和内外监督，产权主体在考虑行为时会更加谨慎，避免损害长期利益或违反产权规则。

（3）外部性内部化。德姆塞茨强调产权的关键功能是激励人们实现外部性的内在化。外部性描述一个经济主体对另一个经济主体的正面或负面影响。产权制度通过明确和保护产权，促使外部性内在化，减少负外部性、增加正外部性。这需要满足内在化收益大于成本的条件。然而，市场机制可能无法完全解决外部性问题，因此产权作为制度安排至关重要。明确和保护产权有助于个人和组织提高经济效益，并促进整个社会的资源分配和效率提升。

（4）资源配置功能。资源配置功能是指产权安排或产权结构在驱动资源配置状态改变或影响资源配置调节方面的作用。具体来说，它表现在以下几个方面：首先，相对于没有产权或产权不明晰的情况，设立产权是对资源的一种配置方式。通过设置产权，可以减少资源的浪费，提高经济效益。其次，产权的变动会同时改变资源的配置状况。当产权发生变化时，资源的配置也会随之调整。最后，产权结构不仅影响资源配置的调节机制，甚至决定了这种调节机制的具体形式。不同的产权结构会导致不同的资源配置调节机制，从而影响资源配置的效果和效率。

三、团队理论

举一个简单的例子：在一个二手车市场中，有五类不同车况的二手奥拓和对应的五类卖家。卖家根据车况的不同，给出的报价也各不相同，分别为 1 万元、2 万元、3 万元、4 万元和 5 万元。这时，出现了一个买家，但由于不了解每辆车的车况，他只能根据市场的报价取一个中间数作为预算。在这种情况下，他给出的价格是 3 万元。然而，由于车况好、心理价位在 4 万元、5 万元的卖家选择了不卖，这两类车便从市场上退出。现在市场上只剩下车况较差的三类车，即报价为1 万元、2 万元和 3 万元的车。如果此时市场上又来了一个买家，同样的道理，现在市场上只剩下车况更加不好的两类车。以此类推，最后该市场上就会只剩下车况非常糟糕的车了。这就是所谓的"柠檬理论"，即在信息不对称的背景下，优秀的商品在市场的作用下被不断淘汰，最终形成了"劣币驱逐良币"的情况。

这个理论虽然提出得很早，但现如今仍在发生。比如，"毒奶粉""地沟油"或者"注水猪肉"，这些都是"劣币驱逐良币"的集中体现。在买家不了解产品的情况下，价格成了唯一的参考标准，而买家的决策导致了一些"正规商贩"不得不退出市场。

再举两个例子说明不对称信息可能导致道德风险问题。一是公司支付股利的情况。如果公司支付股利，股东需要为此支付个人所得税；如果不发放股利，留作留存收益，将来股价上涨，股东将会获得课税较轻的资本利得。但由于股东和经理之间存在信息的不对等，股东无法完全掌握信息，因此他们只能将公司发放股利看作公司运营良好的一个信号。二是餐厅选址的信息作用。餐厅会选择在租金昂贵的地段经营，因为这会向消费者传递一个信息：这家餐厅的食物很棒，并且有足够的经济实力在此经营。所以，即使在没有团队生产的情况下，不对称信息也可能导致道德风险问题。有人可能会提出用单一业主制来解决这个问题，但威廉姆森也强调过只要信息障碍导致了机会主义行为，这种观点同样适用。

随着现代经济的发展，组织结构已经变得更加复杂，单一的产权结构不再是最高效的产权结构。

德姆塞茨和阿尔钦的企业理论深刻地分析了团队生产、内部监督、剩余分配等重要问题，大大推进了对企业本质的理解。在一个完全透明的世界中，合约能够精确地规范他人的行为，人们无需为激励他人而操心。只有在信息不对称或无法观察他人行为的情况下（如店员是否使用廉价部件、雇员是否偷懒等），才需要为确保利益平衡而费心。这种情境引发了所谓的"委托代理"问题。委托人如何确保代理人在不被监控时也按照自己的意愿行事？最简单的办法是给予努力工作的雇员部分或全部利润。与自身利益挂钩后，雇员自然会更加努力工作。另一种方法是支付效率工资，以提高员工的工作动力。

四、委托代理理论

（一）理论产生

委托代理理论不仅关注所有权与经营权的分离，还涉及更广泛的企业治理问题。随着企业规模的扩大和业务复杂性的增加，股东往往无法亲自管理企业，需要委托专业的管理者进行经营。然而，管理者与股东之间存在利益冲突和信息不对称，导致管理者可能追求个人利益而损害股东的利益。

为了解决这一问题，学者们提出了多种代理理论，包括激励理论、监督理论、信息经济学等。这些理论试图通过设计合理的激励机制、监督机制和信息披露机制，降低代理成本，提高企业价值。

此外，随着企业社会责任的提高和可持续发展理念的兴起，代理理论也在不断扩展和深化。企业不仅要追求经济利益，还要关注环境保护、员工福利和社会责任等方面。这就要求股东和管理者不仅关注短期利益，还要考虑公司的长期可持续发展。

因此，现代代理理论不仅关注物质资本所有者的利益，还要考虑人力资本所有者的利益。企业中的员工、供应商、客户等利益相关者都应该被纳入代理理论的范畴。

（二）理论发展

委托代理理论在企业治理中发挥着重要的作用。随着企业的规模不断扩大，所有权与经营权逐渐分离，股东和管理者之间的关系变得复杂。股东希望管理者能够以最大的诚意和努力来经营企业，但同时也担忧管理者可能会为了个人利益而损害股东的权益。因此，如何解决股东和管理者之间的代理问题成为企业治理中的关键问题。

随着研究的深入，学者们逐渐认识到管理者在企业中的重要地位和高管剩余控制权的存在。管理者不仅拥有企业的日常经营决策权，还对企业剩余价值具有控制权。这意味着管理者在企业的经营活动中扮演着重要的角色，他们的决策和行为直接影响到企业的经营成果和股东的利益。

尽管代理理论认为可以通过制定合理的激励、监督和约束机制来降低代理成本，提高企业价值，但这些机制并不完美。代理双方往往会根据实际情况和自身利益来调整合同内容，以达到更好的合作效果。这意味着股东和管理者之间的关系是动态的，需要不断地进行调整和优化。

尽管代理理论的核心关注点是股东利益的最大化，但随着企业治理理论的不断发展，人们开始意识到企业管理者和其他利益相关者的作用。在现代企业中，人力资本的地位逐渐提升，企业不仅是物质资本的集合，更是人力资本和其他资源的集合。因此，企业治理理论的研究对象逐渐从投资者扩展到所有利益相关者，包括员工、供应商、客户、政府等。

为了更好地适应这种变化，企业治理理论需要不断地进行完善和发展。未来的研究可以从多个角度展开，如何更好地保护利益相关者的权益、如何构建更加有效的激励机制和监督机制、如何平衡不同利益相关者的利益等。同时，还需要关注企业社会责任和可持续发展等方面的问题，以实现企业的长期可持续发展。

（三）理论缺陷

1. 研究方法存在单向性的缺陷

委托代理理论仅从委托人的角度主动设计提供最优契约，而条款未经双方讨论，代理人只能被动接受或拒绝。这种方法是不全面的，因为它忽略了代理人的反馈和谈判能力。

2. 委托代理问题可能导致内部人控制问题

在所有权与经营权分离的现代企业中，股东与管理层之间可能存在利益冲突。为了确保管理层的行动符合股东的利益，公司治理旨在通过各种手段和策略来保护股东的利益。然而，由于信息不对称和利益不一致，管理层可能追求与股东目标不一致的目标。这可能导致管理层过度控制企业的经营权，股东无法进行有效监督。在转型期的国家中，由于缺乏有效的监督机制，这种现象更有可能发生。在这种情况下，学者们提出了"内部控制人"的公司治理理论模型，描述了企业剩余索取权和企业剩余控制权失衡导致的管理层侵害股东权益的行为。

在经济转型期的中国，内部人控制现象导致股东失去企业控制，传统的治理模型失效。青木昌彦提出"内部人控制模型"，认为内部治理机制可能失效，应利用外部治理进行监控。实施股权激励计划可确保管理层与股东利益一致。

因此，在实践中，我们需要综合考虑各种因素来解决委托代理问题并完善公司治理机制。针对我国上市公司的治理现状，可以考虑采取多种措施来加强公司治理和保护股东权益。例如，改善股权结构、加强内部控制和风险管理、推动职业经理人市场的形成、完善相关法律法规等。这些措施有助于减少内部人控制现象的发生，提高公司的透明度和治理水平。

第三节　公司治理的范畴

近年来，在探讨公司治理的目标、结构安排和机制改革等方面，法学家和经济学家提出了单边和多边治理理论。其中，多边治理理论逐渐成为学术界的主流观点。

一、公司治理问题的提出与概念界定

"公司"这一概念并非源自中国的传统文化，其定义也较为模糊。在汉语中，"公"意味着无私，"司"则表示管理，两者结合起来，可以理解为无私地管理共同事务。而在英语中，有多达六个词汇来描述不同的"公司"概念。这种现象可能反映了英汉语言文化中公司概念的多样性。

尽管"公司"被视为具有民事权利和行为能力的企业组织形式，但这种定义并不全面。在不同的历史和知识体系中，公司有不同的分类和解释。近年来，公司被视为一组合同权利，而各种研究范式的展开使得公司概念的定义更加多元。

从社会组织的角度来看，公司可以是企业的法律组织形式，也可以是其他组织的法律形式，如医院或学校。作为一种生产组织形式，公司突破了传统的血缘、婚姻和宗法关系，以业缘关系进行分工和资源配置。

公司公共化带来伦理挑战，如自私与利他平衡。尽管如此，公司治理作为解决集体行动困境的关键机制仍具有重要意义。现代公司治理主要解决所有者与经营者之间的委托代理问题，涉及利益分配、政治环境等。公司治理涵盖内部和外部层面，涉及股东大会、监事会、董事会和经营者等机制，以及市场和公共监管等外部力量。公司治理理论包括所有权结构、产权理论和委托代理问题等深奥议题，也涉及日常运营，如内部控制、管理层竞争等。公司治理与治理结构紧密相关但不完全相同。所有公司都面临相似的治理问题，尽管其结构形式各异。为监督所有者对经营者的行为，人们设计了多种治理结构，如分权与制衡机制。但大多数公司治理失败并非源于权力失衡，而是源于有问题的决策。因此，公司治理的核心是确保有效决策过程，而非权力。

二、公司治理的定义

公司治理的定义是：它是标准金融问题，起源于现代股份公司利用资本市场进行的权益融资，并成为实现这种融资的基础性制度安排。因此，公司治理是十分复杂的，它涉及多个方面的问题，包括股东、董事会、管理层、员工、客户、供应商等之间的利益关系和权力分配。为了实现公司的长期可持续发展，必须建立有效的公司治理结构和管理机制，确保公司的决策和行为符合所有利益相关者的利益，并且能够有效地应对市场变化和风险挑战。

关于公司治理的内涵，国内外学者存在一些争论，主要涉及如何控制和监督经理人的行为、股东利益是否至高无上以及如何保护利益相关者的权益等方面。这些争论在一定程度上源于对公司治理中股东、董事和经理人三者关系的不同理解。

简言之，公司治理是关于企业内各种利益相关者之间的规则、关系、制度和程序的总和。这些利益相关者包括股东、经理、董事会董事、管理当局、雇员和整个社区居民等。这些规则、关系、制度和程序共同确保了这些利益关系的和谐发展，从而影响企业的发展方向和业绩。

尽管自伯利和米恩斯在1932年提出公司治理问题以来，人们一直关注这个问题，但公司治理作为一个独立的概念被明确提出是近几十年的事情。目前，尽管已有许多关于公司治理的理论和实践，但对公司治理的内涵仍存在分歧，这从现有文献对公司治理的不同定义中可见一斑。

斯利佛（Sleifer）和魏斯尼（Vishny）在1997年给出了公司治理的流行定义，他们认为公司治理是关于资金提供者（如股东、债权人）

如何按时收回投资并获得合理回报的各种方法的总称。

公司治理的目的是填补公司制度的缺陷和不足。需要强调的是，并不存在一种适用于所有情况的"最佳行为"。公司治理是一个权变因素，针对不同公司，某些治理标准可能会产生良好的效果，而应用到其他公司则可能效果不同。

以董事会为例，一个由大量独立董事组成的董事会是否一定比全部由内部董事组成的董事会更好？在董事选举过程中，许多个人特质如专业背景、责任心、参与度以及与CEO的关系等，可能对独立性产生影响，但这些因素在选举过程中可能被忽略。此外，环境因素对治理也非常重要。不同国家的文化环境会对治理机制产生不同的影响。

对公司治理的理解取决于公司的价值观和角色定位。如果公司的主要目标是股东价值最大化，有效的公司治理就需协调管理层和股东之间的关系，激励管理层为公司创造更多价值。但如果从利益相关者的角度出发，有效的公司治理则需保证员工安全、保障就业、降低债权人风险以及改善社区环境等。因此，不同的价值观会影响公司治理系统。

此外，外部约束机制也会影响公司治理的结构。由于企业制度的差异和社会经济特性的差异，不同国家的公司治理结构文化呈现不同的特征。有些国家倾向于股东至上（Shareholder-Centric），认为公司的主要任务是实现股东利益最大化；而有些国家则倾向于利益相关者至上（Stakeholder-Centric），认为员工、供应商和客户以及当地社区利益相关者的利益与股东的利益同等重要。

美国和英国是股东利益至上的坚定支持者。在这些国家，法律规定受委托的董事会和高管有责任保护股东的利益。在美国，如果一家公司的董事会因可能引发大规模裁员而拒绝被收购，可能会面临来自投资者的诉讼，因为他们未能遵循维护股东最大化利益的原则。相比之下，德国更注重股东和雇员利益的平衡。因此，日耳曼法律会规定德国企业的监事会中的员工代表的比例应达到三分之一或二分之一，使企业员工对企业发展拥有真正的表决权。由此可见，公司治理可以从不同角度来理解，它是一个内涵丰富的概念。随着人们对公司治理的深入研究，还可能会赋予其新的含义。

第一类：代理型公司治理问题。这种问题主要研究股东与经理人之间以及债权人与经理人之间，由于信息不对称和控制权不同引发的职业经理人在代理过程中的不尽职和败德问题，也就是对出资人的利益造成损害的问题。这个问题产生的根源在于公司的所有权与经营权的分离。而经理人存在自利动机与自利行为，股东与利益相关者需要承担相应的损失，这一成本被称为"代理成本"。

第二类：剥夺型公司治理问题。在过去，公司治理的研究主题主要集中在代理型治理问题上。然而，从 2000 年开始，学者们的大量研究发现，控制股东的存在也是现实世界的常态，对应的控制股东剥夺现象也是公司治理必须解决的问题。这类问题主要研究股东与股东之间、股权和票权不对等引发的股东之间的"利益侵占、剥夺问题"，以及股东与债权人之间由于信息不对称和现金流权与票权不一致引发的股东与债权人间的利益侵占和剥夺问题。在金字塔结构、交叉持股结构和类别股份结构中，掏空行为容易发生。通过公司章程等手段实现差别投票权，直接分离现金流权和控制权的方式，实现现金流权和控制权相互分离的结构。

三、股东权利及其制度环境

制度环境涵盖了一系列基础的经济、政治、社会和法律规则，这些规则决定了生产、交换和分配的准则。对于公司而言，有效的制衡、协调、监督和奖惩机制是不可或缺的。股东为保障自身利益，会采取一系列措施约束经营者的行为，这种过程实际上是一种基于合约关系的制度安排。

作为一个开放的系统，公司承载着一定的社会责任，但其核心仍然是作为一个经济组织，追求利润最大化。在国际上，许多涉及重大事件或决策的公司治理都引入了各种利益相关者会议，如一般债权人会议、担保债权人会议、雇员代表会议等。在中国，为应对产品问题等，公司引入听证会等与利益相关者协商。但这些会议缺乏实际操作性，未触及公司治理核心。消费者权益受损时，有人抱怨跨国公司内外有别。这不单是政府监管的问题，也是社会机制的缺失。为平衡公司与利益相关者的关系，需将社会利益和责任融入治理决策，而不是仅仅停留在听证会。为此，可发展"协商会议"模式。此模式特点是多人组成集体，成员经讨论决定行动。会议应在共同场所确保平等交流。人数增多需更正式议事。成员可自由表达意见，决策时权重相同。

决策通过后，成员需对决定负责。即使意见不同，也不必退出会议。通过此模式，可平衡公司与利益相关者的关系，确保社会利益和责任融入治理决策。这既提高了公司治理水平，又增强了消费者对公司的信任，从而促进市场健康发展。

四、公司治理的机制

监督机制是确保代理人遵守公司规章制度、履行职责并防止道德风险行为的关键。这包括内部审计、董事会监督和其他形式的内部和外部监管。通过现代公司内部治理机制中的决策机制、激励机制和监督机制，可以有效地设计代理人与委托人之间的契约关系，从而最小化代理成本与风险，并提高公司的整体绩效。

决策机制是确保代理人（经营者）在公司的运营和管理中作出明智和有效的决策。这可以通过给予代理人足够的权利和资源来实现，同时确保他们了解公司的目标和战略。

激励机制的目的是激发代理人的积极性和创造力，使他们更加关注公司的长期利益。这可以通过设计合理的薪酬结构、提供晋升机会或实施股权激励等方式实现。

第四节　公司治理的意义

自20世纪80年代以来，众多国际知名大公司因管理不善和治理结构问题而陷入困境，甚至破产。特别是近年来，美国安然公司和世界通讯公司的财务欺诈事件、安达信会计师事务所的审计丑闻以及国内市场的银广夏和中航油事件等，这些都对资本市场和投资者造成了重大损失，给企业造成了毁灭性的打击。更为严重的是，这些问题对国家经济的稳定和繁荣产生了负面影响。这些事件使人们逐渐认识到公司治理的重要性。当前，我国正处于经济转型的关键时期，国有企业正面临着公司制改革的重要时期。国有企业公司治理的水平不仅关乎其自身的竞争力，更直接影响国民经济的发展。

一、促使公司的权力平衡和公司组织的稳定

好的公司治理首先清晰地界定了公司内部各机构的权力分配，并在各个层级之间实现了有效的权力平衡与责任监管。这种平衡确保了公司的正常运行。在公司治理结构中，股东会、董事会、监事会和经理层之间存在着合理的权力划分和有效的制衡机制。

股东会作为公司的最高权力机构，掌握着企业的所有权，负责决策公司的重大事务。股东会向董事会授权，使其具有经营决策的权力。董事会在得到授权后，需对企业的经营决策承担责任。监事会则负责监督董事会和经理层的运作，确保他们按照公司章程和法律法规行事。而经理层则是由董事会任命，负责执行董事会的决策，并主持公司的日常经营活动。这四个机构相互依存、相互制约，形成了一个相对稳定的组织结构，有利于公司的长期稳定发展。

二、促进公司经营目标的实现

良好的公司治理是确保企业健康、稳定发展的基石。它不仅在于明确公司的长期和短期经营目标，更在于通过一系列制度和流程确保这些目标得以实现。首先，公司治理结构通过设定明确的目标，为公司的未来发展指明方向，使得所有利益相关者都能清晰地了解企业的期望与定位。这些目标不仅是经济利益的最大化，也包括社会责任、环境保护等多元化目标。其次，有效的战略规划和执行是公司治理的核心环节。良好的公司治理鼓励管理层进行深入的市场分析、洞察行业趋势，制定符合企业实际情况的战略规划。

这些规划不仅涉及产品创新、市场拓展等传统领域，还涉及数字化转型、可持续发展等新兴领域。在战略执行过程中，公司治理确保资源的合理配置、预算的有效使用，并监督战略计划的实施情况。此外，良好的公司治理也注重风险管理。它不仅识别和评估与企业经营目标实现相关的各种风险，还制定相应的应对策略，确保企业在面对市场波动、竞争压力等挑战时能够稳健前行。同时，公司治理体系通过监督和制衡机制，确保决策的科学性和公正性。这有助于减少利益

冲突、防止内部人控制等问题，保护股东和其他利益相关者的权益。透明度和信息披露也是公司治理的重要方面。良好的公司治理要求企业公开透明地披露财务和非财务信息，增强投资者和利益相关者的信心。这有助于企业在市场上树立诚信形象，吸引更多的资本支持。

企业文化是公司治理的软实力。良好的公司治理体系鼓励健康的企业文化，强调诚信、责任和创新。这样的文化有助于凝聚员工、提升工作满意度和忠诚度，从而增强企业的核心竞争力。同时，公司治理也关注企业社会责任和可持续发展。它鼓励企业在追求经济利益的同时，积极履行社会责任、关注环境保护和公益事业。这不仅有助于提升企业的品牌形象，也有助于构建和谐的社会关系，实现企业与社会的共赢。

三、保护股东和利益相关者的利益

良好的公司治理对于降低代理成本、防止内部人控制以及保护股东和其他利益相关者的利益具有深远的影响。首先，公司治理结构通过明确各方的职责和权利，减少了代理关系中的模糊地带，降低了代理成本。这包括减少管理层与股东之间的利益冲突、确保管理层以股东利益最大化为目标进行决策等。其次，良好的公司治理体系通过有效的监督和制衡机制，可以防止内部人控制的现象发生。它确保公司的决策过程受到透明和公正的监督，防止管理层滥用职权、损害股东和其他利益相关者的利益。此外，公司治理还通过一系列制度安排，保护股东和其他利益相关者的权益。这包括建立健全股东权利保护机制、规范董事会运作、强化信息披露制度等。这些措施有助于维护市场的公平和公正，减少大股东对小股东的剥削或欺诈行为，确保所有股东都受到平等的对待。

四、对公司大小股东进行一体化保护

良好的公司治理不只关乎企业的经济绩效，更涉及公平与正义的原则。尤其在股东关系的管理上，公司治理发挥着至关重要的作用。首先，良好的公司治理体系确保所有股东无论大小都受到平等的对待。这是一个基本且重要的原则，因为公平对待所有股东是维护市场

信心和稳定的前提。在决策过程中，公司治理确保所有股东都有平等的机会参与，发表意见，并按照持有股份的比例享有相应的权益。这避免了任何形式的歧视或偏见，使得每一位股东都能够信赖公司的决策过程。其次，良好的公司治理体系有效地防止了大股东对小股东的剥削或欺诈行为。在许多公司中，大股东往往拥有更多的决策权和影响力，因此有潜在的动机去剥削或欺诈小股东。然而，一个健全的公司治理体系通过严格的监管和透明的信息披露机制，限制了大股东的权力滥用行为。它确保了所有股东都能够获得准确、及时的信息，以便作出明智的投资决策。此外，良好的公司治理也是维护市场公平和公正的重要工具。一个充满公平竞争的市场环境能够吸引更多的投资者，促进资本的有效配置。而公司治理正是维护这一环境的关键因素。它通过规范企业的行为，防止任何不正当的交易手段或市场操纵行为，确保市场的公平交易原则得到遵守。

五、吸收境内外资本

良好的公司治理不仅仅是企业稳定发展的基石，更是吸引投资者的重要因素之一。在当今竞争激烈的市场环境中，投资者对于公司的治理结构和经营状况越发关注，他们更倾向于选择那些治理完善、运作透明的企业进行投资。良好的公司治理能够为投资者提供一种保障，使他们相信企业有健全的内部管理和监督机制，能够降低投资风险并带来长期稳定的回报。这种信任关系对于吸引长期资本流入至关重要。

一个有着良好治理表现的公司往往更容易获得投资者的青睐，进而获得更多的融资机会。投资者通过深入了解公司的治理结构、管理层的能力和战略规划，能够对公司的发展前景形成更为准确的判断。当投资者看到公司具有健全的治理体系、透明的信息披露和负责任的管理层时，他们更愿意为公司提供资金支持，帮助其扩大业务规模和实现增长目标。

这些融资机会对于公司的成长具有重要意义。更多的资金支持意味着公司有更多的资源用于研发、市场拓展、品牌建设等方面，从而提升竞争力并实现更大的业务规模。此外，良好的公司治理也有助于建立长期稳定的股东基础，为公司的可持续发展提供坚实的支撑。

六、提高企业的核心竞争力

良好的公司治理在确保企业资源得到优化配置、提高运作效率和核心竞争力方面起着至关重要的作用。一个高效的公司治理体系通过明确的职责分工、科学的决策机制和透明的信息披露，确保企业资源得到合理利用，最大限度地发挥其价值。

管理层根据公司的发展战略和目标，合理分配人力、物力、财力等资源，避免资源的浪费或配置不当。通过科学的决策程序，公司治理确保资源投向最能产生效益的领域，从而提高企业的整体运营效率。

核心竞争力是企业区别于竞争对手的优势所在，而公司治理正是维护和提升这种优势的重要机制。它通过规范的管理和有效的激励，激发员工的创新能力和工作热情，从而提升企业的产品和服务质量。

此外，良好的公司治理还能增强企业的市场竞争力。在激烈的市场竞争中，企业的运作效率和核心竞争力往往决定了其成败。一个健全的公司治理体系能够确保企业在复杂多变的市场环境中迅速做出明智的决策，抓住机遇，应对挑战。

七、实现可持续发展

良好的公司治理不仅仅关注企业的短期利益，更注重企业的长期发展。它确保企业在制定战略时考虑长远目标，关注可持续发展，并避免短视行为。一个拥有健全治理体系的企业能够更好地应对市场变化，抓住机遇，确保长期的成长和成功。

良好的公司治理鼓励企业制定长期发展战略，并为其提供稳定的组织结构和决策机制。这有助于企业把握市场趋势，明确发展目标，制定出符合企业价值观和长远利益的战略规划。企业在长期发展战略的指引下，能够更好地配置资源、培养核心能力，为未来的发展奠定坚实的基础。

同时，良好的公司治理要求企业在追求经济效益的同时，积极履行社会责任，保护环境，确保企业的经营活动与社会和环境的发展相协调。通过可持续发展战略，企业能够赢得消费者的认同和支持，树立良好的企业形象，为未来的成长创造更多机会。

短视行为是指企业为了追求短期利益而牺牲长期发展的行为。而良好的公司治理注重企业的长期价值创造，通过规范决策程序、加强监督机制等措施，避免企业的决策受到短期利益的影响。这有助于企业形成稳健的发展模式，确保企业在长期内获得持续的成长和成功。

八、满足法律法规和监管要求

随着全球经济的不断发展和各种国际标准的制定，各国政府和监管机构对企业提出了更为严格的要求。为了确保市场的公平、透明和稳定，政府和监管机构加强了对企业的监管力度，要求企业遵守相关法律法规和国际标准。在这样的背景下，良好的公司治理显得尤为重要。它不仅仅关乎企业的内部管理，更直接影响到企业与外部环境的关系。一个健全的公司治理体系能够确保企业遵循相关法律法规和监管要求，避免因违规行为带来的风险和损失。

良好的公司治理要求企业建立健全内部控制体系，这包括制定严格的规章制度、规范业务流程、强化内部审计等措施。通过这些措施，企业能够及时发现和纠正违规行为，确保自身行为的合法性和合规性。

良好的公司治理意味着企业与政府和监管机构建立良好的沟通与合作关系。企业应当主动了解相关法律法规和监管要求，积极参与监管机构的工作，及时反馈意见和建议。通过与监管机构的合作，企业能够更好地适应市场变化，降低违规风险，并赢得监管机构的信任和支持。

此外，良好的公司治理还强调企业的透明度和信息披露。企业应当按照相关法律法规和国际标准的要求，及时、准确、完整地披露信息，确保投资者、债权人和其他利益相关者的权益得到保障。这有助于增强市场的公平性和透明度，减少信息不对称带来的风险。

九、提升企业形象和社会声誉

良好的公司治理不仅关乎企业的内部管理，更直接影响到企业的外部形象和声誉。在当今竞争激烈的市场环境中，企业的形象和声誉对于其品牌建设和市场拓展至关重要。一个拥有健全治理体系的企业往往能够赢得消费者和客户的信任和支持，进而提升其品牌价值和市场份额。

良好的公司治理通过透明的信息披露、规范的决策程序和负责任的行为准则，确保企业遵循道德和法律的约束。这种诚信经营的态度赢得了消费者和客户的信任，使他们相信企业提供的产品和服务是可靠的且高品质的。这种信任关系对于企业的品牌建设和市场拓展具有不可估量的价值，因为它能够转化为稳定的客户基础和忠诚度，使企业在竞争中占据优势。

此外，良好的公司治理还意味着企业关注利益相关者的利益，包括员工、供应商、股东等。这种对利益相关者负责的态度传递出企业的社会责任感，进一步提升了企业的声誉。这有助于建立企业与利益相关者之间的长期合作关系，为企业的发展提供稳定的支持。

十、推动企业社会责任和可持续发展

良好的公司治理不仅仅关注企业的经济利益，更注重企业社会责任和可持续发展。随着社会对企业道德和社会责任的关注度日益提高，一个负责任的企业形象已成为企业竞争力的重要组成部分。良好的公司治理能够帮助企业实现社会责任和可持续发展目标，关注环保、社会公益等方面，提升企业的道德和社会责任感。

企业通过采取可持续的生产方式、减少资源消耗和排放污染物，确保其经营活动与环境保护相协调。这种对环境的关注不仅有助于企业实现长期可持续发展，也有助于树立企业的绿色形象，吸引更多关注环保的消费者。

企业通过参与社会公益事业、支持教育和慈善项目，积极回馈社会，帮助改善社会福利。这种社会责任感能够提升企业的声誉，增强消费者和公众对企业的好感度，为企业创造更广泛的社会价值。

此外，良好的公司治理还要求企业关注员工的权益保障。企业应当确保员工得到公正的待遇、拥有安全的工作环境和发展机会。通过尊重和关心员工，企业能够建立积极的工作氛围，提高员工的工作满意度和忠诚度，进而增强企业的竞争力。因此，企业应将公司治理与社会责任相结合，努力实现经济、环境和社会三方面的共赢。

十一、形成企业文化和凝聚力

良好的公司治理不仅关乎企业的外部形象和业绩表现，更深入企业的内部运作和员工关系。一个健全的公司治理体系能够形成健康的企业文化，这对于员工的凝聚力和归属感有着至关重要的影响。

企业文化是企业的灵魂，它代表着企业的价值观、使命和行为准则。一个积极向上的企业文化能够激发员工的自豪感和归属感，使他们更加认同企业的目标和价值观。而这种认同感正是推动员工积极参与、奉献自我的强大动力。

良好的公司治理通过明确的规章制度和公正的待遇，确保员工感受到平等和尊重。在这样的环境中，员工更容易形成对企业的忠诚度和信任感，进而产生强烈的归属感。这种归属感能够显著提高员工的工作积极性和效率，因为他们不仅仅为了获得报酬而工作，更是真心实意地为企业的发展而努力。

同时，良好的公司治理也注重员工的成长和发展。通过提供培训、晋升机会和激励制度，公司治理体系鼓励员工不断提升自己的技能和能力，实现个人价值。这种关注员工个人发展的态度进一步增强了员工的凝聚力和归属感，使他们更加珍惜在企业工作的机会，愿意长期为企业贡献自己的力量。

第二章

公司内部治理结构

当今，企业的发展是一个"内"与"外"并存的问题，"内外兼顾"的发展战略已经成为当今世界企业发展的必然选择，因此内部治理结构的研究也逐渐成为人们关注的焦点。完善的内部治理结构不仅能够保证企业的长远发展，还能够保障企业持续、健康、稳定地运行。

近年来，市场经济在我国快速发展，企业作为其发展中的重要组成部分，它的作用不容忽视。同时，随着经济的全球化，我国企业的内部治理结构问题也越来越突出。在日益严峻的市场环境下，适者生存是永恒的法则，成功的企业越发强大，而失败的企业则会逐渐消亡。因此，保持内部运营的稳定性是公司持续发展的重要力量。

第一节 公司治理的内部影响因素

随着全球化的推进和市场竞争的加剧，公司治理的内部影响因素越来越受到关注。下面将探讨公司治理的内部影响因素，以帮助读者了解如何优化公司治理结构，提高企业绩效和可持续发展能力。

一、股权结构

股权结构是指公司股权的分布和构成，包括各个股东所持有的股份比例、股东之间的相互关系以及股东在公司治理中的角色和地位。股权结构反映了公司所有权的分配情况，是公司治理结构的重要组成部分。

股权结构通常可以从两个维度进行分析：集中度和身份。从集中度维度关注股权的分散程度，如高集中度（股权集中在少数大股东手中）和低集中度（股权相对分散）。从身份维度关注股权持有者的性质，如内部人控制型（管理层或员工持有相当比例的股权）和外部人控制型（大股东为外部投资者，如机构投资者、战略投资者或家族投资者）。

股权结构对公司治理、经营决策和长期发展具有重要影响。合理的股权结构可以平衡不同利益相关者的需求和期望，激发公司内部的创新和活力，提高公司治理效率和市场竞争力。反之，不合理的股权结构可能导致公司治理失效、经营风险加大以及公司价值受损。因此，企业需要根据自身情况和行业特点选择合适的股权结构，以实现公司价值最大化。

（一）股权集中度及股权身份

对于任何公司来说，股权集中度及股权身份都会对其运营和发展产生深远的影响。下面将详细讨论股权集中度及股权身份，并探讨它们对公司运营的影响。

股权集中度是指公司股权的分散程度，通常用来衡量公司大股东持有的股权比例。股权集中度反映了公司所有权的集中程度，是公司治理结构的一个重要指标。从总量上看，股权集中度是指一家上市公司中前几位大股东持股比例之和占总股权的比重，这一比重的高低基本上反映了公司股权的集中与分散程度。从结构上看，股权集中度还包括控股股东与其他非控股股东之间的股权比重，如第一大股东的持股比例，或第一大股东持股比例与其他股东持股比例的比值。

股权集中度的概念在学术界有着广泛的应用。一方面，股权集中度可以反映公司的稳定性强弱。股权集中度过高，可能会导致公司的决策权过于集中，容易受到内部利益冲突的影响，从而影响公司的稳定性和长期发展。另一方面，股权集中度也可以反映公司的竞争力和创新能力。在一定范围内，股权集中度越高，公司可能越有能力进行大规模的投资和研发，从而提高公司的竞争力和创新能力。

然而，股权集中度过高也可能带来一些问题。例如，公司的决策权过于集中，可能会导致决策过程过于缓慢，影响公司的决策效率。此外，股权集中度过高也可能会导致公司的股权结构过于单一，缺乏多元化的股东结构，这可能会限制公司的创新和发展。

股权身份是指股东在公司中的角色和地位。股东在公司中的角色和地位可以分为大股东、中小股东和少数股东。大股东通常是公司的创始人和主要投资者，他们拥有公司的控制权，并对公司的决策产生重要影响。中小股东通常是公司的员工或投资者，他们持有公司的股份，但通常没有大股东那样的决策权。少数股东通常是公司的债权人或战略投资者，他们持有公司的股份，但通常没有大股东那样的决策权。

股权身份对公司运营的影响也是显著的。大股东通常拥有公司的控制权，他们对公司的决策产生重要影响。因此，大股东的行为和决策可能会对公司的运营和发展产生重大影响。相反，中小股东和少数股东通常没有大股东那样的决策权，他们的行为和决策可能会对公司的运营和发展产生较小的影响。

公司在运营和发展过程中，需要合理设计和调整股权集中度及股权身份，以实现公司的长期发展和成功。

（二）各国股权结构特点

在探讨公司治理问题时，各国股权结构的特点是一个不可忽视的重要因素。不同国家的股权结构具有各自的特点，这些特点反映了各国在公司治理上的差异和优势。下面将分析各国股权结构的特点，以帮助读者了解一些国家公司治理的现状和趋势，为企业的发展提供有益的借鉴和启示。

1.美国模式

美国模式下的股权结构表现出明显的特点。目前，美国最大的股东为各类机构投资者，如养老基金、人寿保险、互助基金以及大学基金、慈善团体等，其中养老基金所占份额最大。然而，尽管机构投资者所持股份总量巨大，部分机构投资者规模庞大，资产甚至达到数十亿美元，但在单一公司中的话语权却相当有限（不到5%）。这表明，机构投资者虽然对企业的股权结构产生重要影响，但在具体公司治理中，其影响力并不足以对经理人员产生实际控制。

2. 日本模式

自20世纪60年代以来，日本控制企业股权的主要力量转变为法人实体，即金融机构和实业公司。法人持股比率在1960年为40.9%，到1984年增长至64.4%，再到1989年进一步上升至72%，最终在20世纪90年代初期攀升至近80%。

法人持股的主要方式是集团内企业间的环形交叉持股，其中主体银行虽然不直接控股（持股比例不超过5%），却对企业拥有实际的控制权。这种企业间环形交叉持股的架构，不仅有助于实现资源共享、风险分散和产生协同效应，还有助于提高企业的市场竞争力。

值得注意的是，法人持股在日本企业治理中发挥着举足轻重的作用。一方面，法人持股有助于维持企业的稳定性和持续性，保障企业长期稳健发展；另一方面，法人持股可以促进企业间的合作与交流，提高整个产业的技术水平和竞争力。

此外，法人持股在日本企业治理中的重要性还体现在其对企业决策的影响力上。由于法人持股者在企业中占据主导地位，因此他们的话语权和决策权对企业的发展方向和战略规划具有决定性的影响。这种影响力有助于推动企业实现长期、可持续的发展目标。

3. 德国模式

德国、美国和日本的股权结构虽然存在差异，但总体而言，股权控制者主要由法人代表（如公司、创业家族、银行等）主导，而非机构投资者。值得注意的是，德国的股权结构与日本较为相似，而与美国的股权结构有所不同。

德国的股权结构主要表现为高度集中的所有权。由于德国资本市场相对不发达，大银行直接持股的现象较为普遍。德国银行被称为全能银行，具有多样化的业务范围和强大的金融实力。在1984年和

1989 年，银行对公司的持股比例分别达到了 7.6% 和 8.1%。若将银行负责监管的投资基金持股也纳入考虑，银行的持股比例分别达到 10.3% 和 11.6%。其中，德意志银行在德国三家最大银行中扮演着举足轻重的角色。

相比之下，美国的股权结构则呈现更为分散的特点。美国的股权市场相对成熟，机构投资者在股权控制中占据主导地位。美国的银行虽然也参与公司的股权投资，但规模和影响力相对较小。

德国股权结构与日本相似的原因在于，两国均具有较为显著的家族企业特点。德国的创业家族在企业中扮演着重要角色，而日本的家族企业同样具有举足轻重的地位。这些家族企业通过持有大量股权，实现了对企业的实际控制。

从股权结构的角度来看，德国和日本的股权控制模式为企业提供了稳定的经营环境和相对较高的控制力。然而，这种模式也存在一定的局限性。首先，股权高度集中可能导致决策权过于集中，容易受到少数股东的影响。其次，大银行持股过多可能影响市场的公平竞争，不利于创新和发展。表 2-1 为各国股权结构和股东类型。

表 2-1　各国股权结构和股东类型

国家	美国	日本	德国
股东类型	股东高度分散,流动性较强	股东相对集中、稳定	股东相对集中、稳定
股权结构	机构投资者强大	集团内企业交叉或循环持股,主体银行实际控制	大银行直接持股,法人间相互持股普遍

此外，我国股权结构也表现出一定的特点。与其他国家相比，我国股权结构更为分散，这主要得益于我国资本市场的发展历程。在过去的几十年里，我国资本市场经历了从无到有、从小到大的发展过程。股权分散化的趋势在我国尤为明显，这主要得益于国有企业改革、股权分置改革以及资本市场对外开放等政策的推动。

股权分散化在一定程度上降低了企业的内部交易成本，有利于提高企业的治理效率。然而，股权分散化也可能导致企业的决策权过于分散，容易引发决策失误和内部矛盾。因此，如何在保持股权分散化的基础上，提高企业治理效率，成为我国企业界和监管部门关注的焦点。

从国际经验来看，股权结构与企业治理之间存在密切关系。股权集中程度较高的国家，企业内部治理相对较为规范，如美国、日本等。而股权分散程度较高的国家，企业内部治理相对较为宽松，如中国、印度等。

我国企业治理的改进需要借鉴国际经验，同时结合我国国情进行创新。首先，应继续推进国有企业改革，优化国有企业的股权结构，提高国有企业的治理效率。其次，应加强对民营企业的支持，鼓励民营企业积极参与资本市场，促进资本市场的发展。此外，监管部门应加强对企业内部治理的监管，促进企业内部治理的规范化和法治化。

（三）股权结构的表现形式

一般认为，在股权分散的背景下，小股东参与股东大会并展开代理权竞争的积极性相对较低。小股东主要依赖退出机制（如接管）来约束经营者。当企业严重偏离利润最大化的目标时，小股东可能会抛售其股票，从而引发公司股价下跌。当股价跌至一定程度时，企业的价值可能被低估，此时可能会有投资者以高于市场的价格购买该公司的股票，进而达到控股额并改组董事会，任命新的经营者。成功的接管可以替换不称职的经营者，使企业重新回到利润最大化的轨道，从而提高股票价格，让接管者从中受益。即使接管未能实现，但潜在的接管压力也会对经营者产生影响，使其更加警惕，发现并纠正经营中的失误。因此，股权分散可以减少大股东对小股东利益的损害，有利于敌意收购的进行，从而对无效率的经营者产生制约。然而，经理人员的决策与管理能力对公司发展具有主导作用，但同时也存在"搭便车"现象。因此，在股权分散的情况下，股东需要寻找平衡点，既要保护自身利益，又要确保公司的长期发展。一种可行的方法是引入机构投资者，如养老基金、保险公司等，以提高股权集中度，从而加强股东对公司的监督和制约作用。此外，监管部门可以制定相应的法律法规，规范股权转让和收购行为，防止大股东通过恶意收购损害小股东利益。

在股权集中化的背景下，持有大量股票的股东具有强烈的动机去严密监管公司管理层。然而，在股权集中的情况下，控股股东也可能对小股东的利益造成损害。拉泊特（La Porta）等 [1] 认为，全球大部分国家的公司主要代理问题在于控股股东掠夺小股东，而非职业经理人侵犯外部股东利益。同样，克里森（Claessens）等 [2] 也指出，在许多国家，控股股东掠夺小股东是一个重要的代理问题。

控股股东是公司治理中的重要角色，其形式主要有两种：金字塔控股和交叉持股。金字塔控股是指母公司通过层层控股的方式实现对下属公司的控股，而交叉持股则是指两个以上的公司互相持有对方的股份，从而分散在几家关联公司中。

第一大股东因其掌握的股权优势通常能够绝对地控制公司的运作。然而，这种集中所有权的现象并非完全有利，它也可能导致大股东滥用控制权，损害公司和小股东的利益。为了解决这一问题，我国已制定了一系列法律法规，对控股股东的行为进行了规范。例如，公司法规定，控股股东应当遵守法律、行政法规和公司章程，不得滥用股东权力损害公司或其他股东的利益。此外，我国还设立了中国证券监督管理委员会等监管机构，对控股股东的行为进行监督，保障公司治理的公平、公正。

我国上市公司股权结构中的多种投票权安排是一种常见的现象。虽然不同等级的普通股在利润分配权上具有同等地位，但其投票权却有所不同。这种现象被称为多种投票权安排。在我国，这种安排也存在于公司的控制权集中方面，我国将股票分为可流通股份和不可流通股份两类，非流通股的价格通常低于流通股，这就导致了非流通股在事实上成为廉价投票权。在并购过程中，收购方往往会选择购买廉价投票权，而非流通股也因此成为收购的主要目标。

（四）如何安排适当的股权结构使公司治理效果加强

根据一些公司治理评级的研究，认为适当的股权结构至少要包括以下几点：必须有足够的公开信息来判断公司的股权结构，包括隐藏

---

[1] R. La Porta, R. F. Lopez-de-Silanes and A. Shleifer. Corporate Ownership around the World[J]. *The Journal of Finance*, 1999（50）: 756-799.

[2] Claessens S., Djankov S. and Lang L. H. P. The separation of ownership andcontrol in East Asian corporations[J]. *The Journal of Finance*, 2000（4）: 986-1014.

在法人名义账户（如投资公司的持股）下的实际受益人是谁等重大信息；公司实际的股权结构必须透明化，且不能被交叉持股、管理者控制的法人持股、名义账户持股等所模糊；必须有股票安全确认的方法，并允许完全自由转移股份；公司的股权结构须明确，且属于同一种类股份的控制权须一致且易于明了；股东大会必须可以在企业主要领域内执行决策权，确保小股东免于遭受股权稀释或其他损失（如通过非常规关系人交易）；所有股东须享有相等的财务待遇，包括每股享有相同的利润；假使存在大股东，他们不能行使对其他利益关系人利益有害的行为，小股东应被保护而免受价值损失与股权稀释（如通过股本增加而排除某些股东的认购，或通过关系人的转移定价来伤害公司价值）；母公司或控股公司的大股东，不应通过控制主要顾客与供应商来影响公司独立董事与管理者的行为；中小股东是应受保护的，而不应遭受管理者与大股东的损害；等等。

总之，公司内部治理结构的效果取决于公司的股权结构。针对我国股权结构的特点，具体包括以下三个方面。

1. 经理人是否持有一定数量的股份

如果经理人没有持股或持股量微不足道，他们就更倾向于单纯追求经营管理目标，而不是股东价值最大化；如果经理人持有一定数量的股票，那么他们就更推崇低风险的公司战略和股东利益最大化。

2. 股权集中度适中

股权集中度适中即建立适度集中型的股权结构，适度集中型的股权结构是指形成若干个可以相互制衡的大股东。具体来说，适度集中型的股权结构就是股权较为集中，但集中程度有限，并且公司又有若干个大股东，这既有利于调动大股东关注企业经营管理的积极性，又有利于经理在企业经营不佳的情况下能被迅速更换的一种股权结构。

二、董事会结构

在公司治理领域，董事会结构是影响企业内部治理的关键因素之一。董事会作为公司的核心决策机构，负责制定公司战略、监督管理层和保护股东利益。因此，合理的董事会结构对于公司的成功运作至关重要。

（一）董事会规模

目前，关于董事会结构与公司治理之间关系的研究，其中最广泛讨论的问题无疑是董事会规模问题。董事会规模是指公司董事会成员的数量，通常用董事人数来衡量。董事会规模是公司治理结构中的一个重要因素，它会影响董事会的组成、决策效率和监督能力。合理的董事会规模有助于提高公司治理效率，确保董事会能够有效地履行其职责，为公司的发展提供有力支持。在20世纪90年代以前，有一部分人研究支持大规模董事会，认为大规模董事会可以会聚更多具有专业知识和经验的董事，为公司提供多元化的观点和建议，有助于董事会在制定战略、评估风险和解决问题时作出更全面和明智的决策。此外，大规模董事会可以增强公司内部的监督与制衡机制。在大型董事会中，董事们可以相互监督，减少个别董事过度控制公司的情况，确保公司决策的公正性和合理性。

然而，董事会规模扩大可能带来以下不良影响。具体有以下几点。

（1）沟通不畅。随着董事会规模的扩大，董事之间的沟通将变得更加困难。沟通不畅可能导致信息传递延误，影响董事会决策的效率和质量。此外，沟通不畅还可能导致董事会内部的分歧和冲突，影响公司治理的稳定性和有效性。

（2）决策效率低下。大规模董事会可能面临决策效率低下的问题。由于董事人数众多，达成共识的过程可能变得更加复杂和耗时。这可能导致董事会在制定战略、评估风险和解决问题时速度缓慢，影响公司的应对能力和竞争力。

（3）组织复杂性增加。随着董事会规模的扩大，组织结构将变得更加复杂。这可能导致董事会的管理和协调成本上升，增加公司治理的难度。此外，复杂的组织结构还可能使董事难以全面了解公司情况，影响其监督和决策能力。

（4）矛盾和冲突加剧。大规模董事会可能加剧公司内部的矛盾和冲突。不同董事可能来自不同的利益群体，具有不同的观点和诉求。随着董事会规模的扩大，这些矛盾和冲突可能变得更加尖锐和难以调和，影响公司治理的稳定性和有效性。

在这方面做过研究的学者有很多，如利普顿和洛尔施（Lipton and Lorsch，1992）最早提出应限制董事会规模，建议董事会的规模最好为 8~9 人，最多不应超过 10 人。他们认为，董事会规模过大，可能会影响董事会成员之间的沟通和协调，导致决策效率低下。

为了解决这个问题，一些研究者提出了一些解决方案。例如，艾森博格、桑基根和威尔斯（Eisenberg，Sundrgen and Wells）建议，为了防止董事会表决时无法达成一致意见，董事会人数一般应以奇数为好，奇数董事会人数以其在表决时所特有的表决结果这一明确的优点获得了普遍认同。

（二）董事长与 CEO 的职位合一性

在美国，董事长兼任首席执行官（CEO）的模式曾经相当普遍，但近年来这种现象有所减少。一些研究表明，在美国排名前 500 位的上市公司中，大约三分之一的公司董事长和首席执行官（CEO）由同一人担任。这种现象在不同行业和公司中存在较大差异，一些公司为了提高决策效率和统一领导，选择董事长和 CEO 职务合并，而另一些公司则为了加强内部制衡和监督，选择董事长和 CEO 职务分离。

在我国，董事长兼任首席执行官（CEO）的模式在不同所有制企业和行业中存在较大差异。在国有企业和部分民营企业中，董事长和 CEO 职务合并的情况较为普遍。而在一些市场化程度较高的行业和企业中，董事长和 CEO 职务分离的情况较多。总体来说，我国董事长兼任首席执行官（CEO）的现状受到公司治理制度、企业发展阶段、行业背景和内外环境等多种因素的影响。

董事长兼任首席执行官（CEO）的原因主要有以下几点。

（1）公司治理制度。在我国，部分企业的公司治理制度尚不完善，尤其是部分国有企业。董事长和 CEO 职务合并有助于提高决策效率，实现统一领导和责任。同时，这种模式在一定程度上可以减少公司治理层面的矛盾和冲突，保持公司治理结构的稳定性。

（2）企业发展阶段。在企业发展的特定阶段，如初创期或转型期，董事长和 CEO 职务合并可能更有利于企业应对挑战。这种模式有助于集中决策权，确保企业能够迅速调整战略和资源分配。

（3）行业背景。在一些行业，如金融、能源、通信等，由于行业特点和政策监管要求，董事长和 CEO 职务合并的情况较为普遍。这些行业中的企业往往具有较强的资源和市场地位，董事长和 CEO 职务合并有助于实现高效的决策和运营。

（4）内外部环境。在一些特定的内外部环境下，如市场环境变化、政策调整等，董事长和 CEO 职务合并可能成为企业应对挑战的一种选择。这种模式有助于企业迅速调整战略和资源分配，以适应内外部环境的变化。

然而，董事长和首席执行官（CEO）职务合并的模式也引发了一些争议。批评者认为这种模式可能导致权力过于集中，影响公司治理的制衡和监督机制。为了平衡这种风险，一些企业会设置独立的董事会成员往往会强化其他内部制衡机制。

（三）董事的从属性

董事的从属性可以由外部董事比例这一指标来考量。

在公司治理层面，我们关注董事会的构成及其角色。董事会的董事成员可以分为内部董事和外部董事。内部董事，也被称为执行董事，他们在公司内部拥有较高的职位和权力。而外部董事，包括关联董事、灰色董事和独立董事，他们通常具有较高的专业知识和经验，对公司的战略决策和运营管理具有独立性和监督作用。

在分析外部董事角色时，我们主要关注独立董事这一类别。独立董事的设立源于我国股权分散化、所有权和控制权分离以及管理层控制权日益增强的背景下。随着公司股权的分散，股东利益的保护成为首要问题。独立董事制度应运而生，旨在保护股东权益不受管理层侵害，维护公司治理的公平和透明。

独立董事的设置对于公司治理具有重要意义。首先，独立董事能够对公司管理层进行有效监督，防止管理层滥用职权、损害股东利益。其次，独立董事的存在有助于保持董事会的独立性，防止内部董事与公司管理层利益冲突，影响董事会决策的公正性。此外，独立董事还能在公司面临危机时，提供独立、客观的建议，帮助公司制定合适的战略，降低风险，提高公司治理水平。

然而，独立董事制度在我国的实施仍面临一些挑战。一方面，独立董事的独立性受到一定程度的质疑。部分独立董事可能受制于公司大股东或管理层，影响其独立履行职责。另一方面，独立董事的选拔和激励机制有待进一步完善。独立董事的选拔应注重专业能力、独立性和诚信，而激励机制应能够激发独立董事为公司利益服务的动力。

第二节　公司治理结构的概念与特征

在经济全球化的背景下，公司治理结构作为企业成功的关键因素之一，引起了广泛关注。公司治理结构是指企业在所有权、经营权和控制权等方面的制度安排，旨在平衡利益相关者之间的权益，实现企业的可持续发展。本节将探讨公司治理结构的概念及其特征，以期为企业管理者提供有益的借鉴和指导。

一、公司治理结构的概念

公司治理结构（Corporate Governance Structure）是一种有效的管理控制结构，它由公司所有者、董事和高级经理层共同构成，旨在有效地控制公司的运营，科学合理分配公司内部权力，统筹安排股东和董事相互之间的关系，并对他们的权利和义务进行有效的管理和约束，以确保公司的可持续发展。通过实施规范化和明确化的内部管理，使公司各参与主体能够相互协作、相互促进，从而提高企业的效率和竞争力。

公司治理结构要重点解决的就是两个问题：一是投资者的投资回报问题，即统筹协调股东与企业的利益关系，通过多样化的措施，防止实际经营者控制企业，保障股东对企业的控制权，让股东能够始终享受到企业发展的红利。二是统筹协调企业内各利益集团之间的关系。这就包括如何激励公司经营者和各层级的职工，如何监督制约公司权力阶层，通过这种监督管理、激励约束促使企业内部关系融洽，使各利益主体利益得到保障。

二、公司治理产生的原因

国外一些学者从不完全契约理论角度分析了公司治理产生的原因，他们研究发现，如果在委托代理的条件下签署一份完全契约是没有费用的，但是由于委托代理问题的存在，企业的交易成本过大而无法通过契约解决，由此便产生了公司治理。

我国也有大量学者在研究公司治理产生的原因时发现，当公司的资金投入者投入大量资金而无法收回时，投资者继续投资的积极性就会很大程度上受挫，此时仅凭所有者所持有的资金是很难支撑企业发展的。所以，企业需要一些行之有效的公司治理手段以分配公司利益。

三、公司治理结构的特征

公司治理结构作为组织运行的重要框架，其设计与实施对企业战略目标的实现、利益相关者权益的保障具有深远的影响。公司治理结构的主要特征体现在以下几个方面。

（一）委托代理，纵向授权

现代公司的组织架构一般是自上而下、层层设立的。股东大会由于人数较多，且部分股东缺乏管理经验和技能，所以股东大会一般不直接参与公司的日常经营和管理，而是保留一些重大事项的决策权，将财产权授予董事会处理，监督权授予监事会处理。董事会在拥有财产处理权后也会授权职业经理人进行经营管理。可以说，经理层以上的权力分配，基本上是自上而下、层层分配的。但是并不能因此排除通过劳动契约分配权力的手段，如经理层以下的业务部门与职能部门，往往是通过劳动契约来分配权力和利益的。但是从整体来看，企业通常是纵向授权，经理层以上是由委托代理关系实现职能的。

（二）激励与监督机制共存

由于股东和高级管理人员掌握的信息并不对称，因此总是会存在一些固有的矛盾，高级管理人员在履行代理人的义务时可能会做出背离股东目标的行为——逆向选择，或者经理人并不会拼尽全力以帮助股东实现目标——道德风险。为了解决这些固有的矛盾，委托人需要建立恰当的激励与监督机制。在激励方面，委托人一般采用的措施包括授予股权激励，建立绩效考核与薪金挂钩制度；在监督方面，委托人采用的措施常常包括与高级管理人员解除合同，聘请外部人员进行审计等措施。

（三）权责明晰，各司其职

公司治理的内部运行体制通常由权力部门、决策部门、监督部门、执行部门四个部门构成。股东大会是公司最高的权力部门，公司的重大事项都要经过它表决，它代表了股东对公司财产的控制权和决策权。董事会是公司的决策部门，负责执行股东大会的决议，对股东大会负责。公司的监督部门是监事会，它代表的是全体股东的利益，履行监督董事会和高级管理人员的职能，防范董事或高级管理人员因自身利益侵害股东的利益。公司的执行部门是高级管理人员，他们负责企业日常经营事务的管理，可以说，他们是企业事务的实际执行人。

第三节　公司内部治理结构的基本框架与内容

一、公司内部治理结构的基本框架

公司的内部治理结构可以按照公司内部权责关系的不同而进行划分，主要有以下两种。

一是单层型结构，即股东大会允许董事会代其行使决策权与监督权，对公司进行经营管理。这样的组织结构，简洁明了，职责明确，但是如果将职权全部下放，很可能会导致出现董事与管理者都由一人担任的情况，特别是董事长和总裁的兼任，会使公司的决策权和监督权合二为一，而这种不受监督的权力将对公司的经营管理产生极大的消极作用。

二是双层型结构,即股东不仅将公司的经营权、决策权给予了董事会,还将公司的经营决策监督权给予了监事会,这样做的目的在于可以对公司基本政策的制定、董事会成员的选聘、公司的运营管理等方面进行监管,即双层型结构的核心就在于董事会与监事会的权力间的制衡。双层型治理结构虽然将决策层和监管层进行了分离,保障了监事会的监督权力,使公司的经营决策更加科学,但是,在原有的组织结构中增设了一个新的部门,不可避免地会使行政决策过程更加烦琐,这也会使企业的经营决策受到阻碍,不符合现在市场对企业要具备灵活应变能力的要求。当前,尽管双层型结构已成为一种被广泛使用的治理结构,但在实际的应用过程中,不能一成不变,必须对股权结构、内部各机构之间的权力、义务、责任等进行清晰合理的界定与及时的调整,并通过科学的、行之有效的激励和制约手段、机制来使企业所有者和经营者的权益得到保障。

二、公司内部治理结构的内容

我国的公司法将公司分为有限责任公司以及股份有限公司两个类型,不同于合伙等其他的投资方式,公司法人的设立因资金的聚集而形成,体现了其特有的资合性。但不管是什么类型的公司,其构成的基本要素是不变的,而怎样正确地协调处理公司各要素的相互联系,就是公司内部治理结构的内容之所在。

通常来说,公司治理结构是一种以委托代理关系为基础形成的"三会一层"内部治理架构,由股东大会、董事会、监事会和经理层组成,他们按照法律规定的权限、义务和利益进行分工,彼此协调,以确保公司的有效运营。下面将对其进行介绍。

(一)股东会

新公司法规定有限责任公司和股份有限公司的股东会是一个由所有公司股东组成的非常重要的组织机构,是公司内拥有最高权力的机关,享有最终的决策权和执行权。股东有权选择更换公司的董事长,由董事来进行召开定期或临时的股东大会。股东大会是一个股东就公司的经营和管理问题进行讨论的平台，它允许股东们合理运用自己所有者的权利，就自身的利益相关问题提出建议。由于股东们都是公司的所有者，所以拥有较大的权力去控制和决定公司的发展方向。尽管股东大会是企业的重要组织，但它仅以会议形式存在，只有通过正规的程序发挥作用，以法定的形式形成决策，属于非常设机构。因此，股东会对于内部无权直接处理企业的日常事务，对外部也无权代表企业。

（二）董事会

董事会是一个由全体董事共同参与组成的用于执行业务的机关组织，它的参与人员取决于股东的选举。而且这些董事的数量取决于公司的规模，如果公司的规模较小，则可以选择一名执行董事来监管其日常经营即可。董事会是股东与员工的核心协商团队，致力于监督和管理公司的日常经营活动，并就重要决策提出建议。通常情况下，董事会是股东会的成员，它们必须遵守股东会的决定，并且必须执行这些决定。在这些决定中，董事会必须确保它们与股东大会的决议保持一致。如果出现分歧，则应当按照股东大会的决议进行处理。董事会的主要任务是组织股东大会，确保其能够有效地审议并通过决策。此外，董事会还需要定期汇报工作进展，制定公司的发展战略和投资方案。同时，董事会还需要定期审核总经理的工作报告，以便更好地指导企业的发展。

（三）监事会

作为股份公司的重要监督机构，监事会由股东大会指派，具有独立的职能，负责监督公司的日常运营。通过选举，监事会可以确保公司的决策遵循法律规定，保证公司的合规性。此外，监事会还可以向董事和高级管理人员提供建议，以确保公司的正确运营。监事会的主要任务是确保公司遵守法律法规，保护投资者的合法权益，同时也负责检查公司的财务状况，确保董事、经理的决策符合相关的法律法规，如果发现他们的决策存在违背法律法规或者违反公司章程的情况，监事会将采取必要的措施，如提醒他们改正错误的决策，维护投资者的合法权益。

（四）经理层

作为一个企业经营的核心，经理层肩负着重要的管理责任，他们受董事会的委托，在规定的范围内行使职责，承担相应的义务。在当今竞争激烈的市场中，经理者的专业技能和创造的价值将直接影响到企业的成败，也将决定企业的长期发展。因此，经理层的素质和表现将是企业获得竞争优势的关键因素。作为经理层，其主要职责是管理公司的日常运营，决定公司内部职工的人员更替，执行董事会的决策并制定公司的规章制度。

公司内部的各个机构和角色都是以其自身的被组织认同的特定功能在公司进行定位，发挥其职能与作用。而以此为基础，建立起一个完善的组织结构，才能保障工作的有效开展、有序进行，从而实现公司的稳定运转。

三、我国高新技术企业内部治理结构——以航天 DQ 公司为例

改革开放以来，国家经济的快速发展得益于科技的不断进步，科技创新更是占据了主要的战略地位。高新技术类企业作为科技兴国的重要载体，是推动我国综合国力提升的主力军，是实施创新驱动发展战略的核心力量，在优化产业结构、推动经济高质量发展、增强国际竞争力方面发挥了重要作用。

本案例选择了贵州一家高新技术类较具代表性的上市公司——贵州航天 DQ 公司为对象，介绍了其内部治理结构。

（一）股权结构

根据持股比例的大小以及是不是第一大股东，将混合所有制企业的股东分为三类，占比超过 50% 的成为绝对控股股东，占比低于 50% 但仍然是第一大股东的成为相对控股股东，占比低于 50% 且不是第一大股东的成为参股企业。在航天 DQ 的前十大股东中，第一大股东航天 JN 集团有限公司和第二大股东贵州 ML 电源有限公司都属于中国航天 KG 集团有限公司的全资子公司，因此中国航天 KG 集团有限公司

合并持有本公司 43.64% 的股份，虽然持股比例没有超过 50%，但是持股比例为 30%~50%，相应享有的表决权会对股东大会的决议产生重大影响，成为航天 DQ 的相对控股股东。中国航天 KG 集团有限公司合并持有的股份 43.64%，远远大于前十大股东中的后八大股东持有的份额之和 8.02%，呈现一股独大的情况。由此可见，航天 DQ 公司的股权集中度较高。

航天 DQ 公司的大部分股份是国企持股，因此国企在航天 DQ 公司的经营管理中起着主导作用，航天 DQ 公司的经营业绩因拥有实力雄厚的国企这一大客户呈现稳定增长态势。因为与控股股东——中国航天 KG 集团有限公司双方存在的关联关系，2021 年向同受控股股东控制的 88 家企业销售电子元器件的销售额高达 10.78 亿元，占同类交易金额的比例为 21.40%，营业收入较上年度增长了 19.43%。

（二）董事会

中国证监会在 2001 年发布的《关于在上市公司建立独立董事制度的指导意见》（以下简称《指导意见》）中，强制要求独立董事人数占董事会总人数的比例不能低于三分之一。在英、美、日等国家，许多公司的独立董事占比超过了三分之二，但是在我国，据高明华[①] 的统计，全部上市公司的平均独董占比略超三分之一。由此可以看出，我国的上市公司只是为了满足中国证监会的监管要求，并不是为了构建合理的公司董事会结构从而促进更科学的决策。

贵州航天 DQ 的董事会共 9 名成员，其中有 6 名是执行董事，3 名是独立董事，独立董事占比基本上达到了《指导意见》的关于独立董事人数比例的要求。6 位执行董事中，仅有三分之一就职于本企业，比例达二分之一的董事现就职于控股企业航天江南集团有限公司，还有一名董事就职于同隶属于中国航天科工集团的贵州航天控制技术有限公司。该公司聘请的 3 位独立董事均是行业知名人士或高校教授，他们在相应的领域具有很高的声誉，但是不能代表在职业经理市场的声誉，航天 DQ 公司有可能是因为"名人效用"聘请他们，或者只是为了敷衍中国证监会的管理，并没有发挥应有的作用，从而出现"独董不

---

① 陈建红. 论内部控制、风险管理和公司治理的调配 [J]. 长江大学学报（社会科学版），2016（9）：46-49.

独"的不合理现象。

（三）经营管理者

由于现代企业的经营模式不断变化，很多所有者没有精力来亲自经营管理公司，就会聘请专业的人员来管理，便产生了经营管理者。经营管理者是在公司中负责日常经营活动的团体，通常在企业中有着至关重要的职位，掌握企业的核心信息，因此也称为高级管理人员，位高权重的同时，也承担着为企业创造业绩、促进企业健康发展的责任。

法定的高管包括经理、副经理、财务负责人和董事会秘书，公司规定的高管则是依据自身的章程来规定，体现公司自治原则，包括项目部经理、人资部经理等。航天DQ公司的高管按照采用了公司法中的封闭列举方式，将公司的高管人员分为总经理、副总经理、财务总监和董事会秘书。这种方式可限定贵州航天DQ高级管理者范围泛化，有效限制滥用经理头衔从而保障第二方交易安全，但是同时也给经营实践带来了更多的障碍。

第四节　公司治理结构与内部控制体系优化

一、公司治理结构与内部控制体系概述

（一）内部控制的概念

通常认为风险评估、信息与沟通、控制环境、控制活动以及监控是组成内部控制的五项要素。美国COSO委员会对其的含义做出如下表述：内部控制是企业为了达成经营效益与效率兼顾、遵守相关法律法规以及确保财报可靠性而由董事会、管理层与相关人士实施的一项保障制度。我国多个相关部门发布的《企业内部控制基本规范》中则对其作出如下阐释：内部控制是企业为了达成资产安全、发展战略、

经营管理合法合规、经营效益与效率提升、财务报告相关信息真实完整五大目标而由企业董事会、监事会、经理层及全体员工实施的程序。相较而言，国内对其的规定更为详细，也更适合我国企业的实际状况，但总体来说，内部控制为企业的良好发展提供了制度支持。

(二)公司治理与内部控制的联系

在公司治理领域，学者们对内部控制与公司治理之间的关系进行了深入的研究。他们的观点可以分为三类。

第一，内部控制是公司治理的基础。杨雄胜认为，内部控制是实现公司治理的基础设施建设。[①] 没有系统有效的内部控制，公司治理便不具备可行性。陈建红则认为，内部控制环境决定了公司治理是否有效，内部控制服务于公司治理。[②] 这一观点强调了内部控制在公司治理中的重要性，认为内部控制是公司治理的基石。

第二，公司治理被视为内部控制的前提。阎达五等认为，公司治理机制相当于制度环境，而内部控制框架则是内部管理监控系统。[③] 因此，公司治理是内部控制的环境要素前提。这一观点强调了公司治理在内部控制中的作用，认为公司治理为内部控制提供了制度环境。

第三，学者们提出了公司治理与内部控制是相互交融的关系。吴丽君等提出了"嵌合论"的观点，认为内部控制与公司治理彼此依存、互相影响，并通过实证研究检验了两者的交互作用。[④] 这一观点强调了内部控制和公司治理之间的互动关系，认为两者相互影响，共同构成了公司治理体系。李心合认为，两者都是风险导向，但联系的风险存在差异，内部控制包括了公司治理中的内部治理。[⑤] 这一观点强调了内部控制和公司治理在风险管理方面的差异，认为两者应相互补充，共同提高公司的风险管理水平。

① 杨雄胜. 内部控制理论研究新视野 [J]. 会计研究，2005（7）：49-54，97.
② 陈建红. 论内部控制、风险管理和公司治理的调配 [J]. 长江大学学报（社会学科版），2016（9）：46-49.
③ 阎达五，杨有红. 内部控制框架的构建 [J]. 会计研究，2001（2）：9-14，65.
④ 吴丽君，卜华. 公司治理、内部控制与企业社会责任信息披露质量 [J]. 财会通讯，2019（12）：82-86.
⑤ 李心合. 企业内部控制研究的中国化系列之一：企业内部控制的新解读 [J]. 财务与会计，2022（1）：16-24.

（三）公司治理与内部控制的区别

尽管公司治理与内部控制紧密相连，但在其目的、侧重点和内容结构等方面，它们却有显著的差异。张立民等指出，尽管公司治理和内部控制起源于同一领域，但公司治理更注重解决企业所有者、董事会和经理层之间的委托代理问题，其核心理念是所有权与控制权的分离，其目的是制衡约束。相对而言，内部控制的侧重点在于解决不同层次代理人之间的委托代理问题，其目的是提高经营效率。李粮则进一步认为，公司治理在很大程度上关注战略决策的制定，而内部控制则更注重战略决策的有效执行和落实。①

总体来说，公司治理和内部控制是相辅相成的，它们共同构成了企业治理的框架，为企业的发展提供了有力的保障。然而，由于公司治理和内部控制的目标和侧重点的不同，它们在实际应用中也需要有所侧重。因此，企业应当根据自身的实际情况，合理分配资源，既要重视公司治理，又要注重内部控制，以实现企业的长期稳定发展。

二、公司治理结构对于内部控制有效性的影响分析

（一）董事会结构对公司内部控制有效性的影响

董事会作为公司治理结构的核心部门，其重要性不言而喻。不仅在公司内部控制中起着决定性作用，而且对公司的整体治理起着关键性作用。董事会不仅仅需要对公司所有者负责，更应通过构建一系列的激励和约束机制，对管理层进行有效监管。具体而言，这包括制定明确的内部控制政策和程序、定期对内部控制进行审计和评估以及定期向股东报告内部控制的情况。这些措施将有助于确保公司的管理层始终以投资者利益为核心进行公司的管理运营。只有通过有效的内部控制，才能确保公司的稳健运营，保护投资者的利益，提升公司的治理水平。

---

① 李粮. 公司治理、内部控制与混改国企协调发展：基于利益相关者理论的视角 [J]. 经济问题，2020（5）：79-88，122.

第一，董事会规模方面。董事会规模指董事会的成员数量，数量过大会导致沟通困难、协调障碍。董事会的职能是讨论并决策重大问题。若参与成员过多，可能导致策略偏差、效率低、看法不统一。我国法律规定，公司董事会规模应在 3 人以上，并调整了公司职工董事的设置规则。关于董事会规模与公司绩效关系，有学者认为两者呈负相关，即规模越大，绩效越低；但也有观点认为，规模更大有利于成员互补，推动管理提升。

第二，董事会会议数量方面。我国学者对董事会会议数量与公司内部控制有效性的关系研究较少，而国外学者证实会议数量可衡量董事会勤勉度。部分国外学者将会议次数作为自变量，分析其对公司内部控制的影响，结论是每两个月召开一次会议时，公司内部控制效果最佳。公司董事会在召开会议时主要关注经营绩效，绩效降低时，董事会会议频率增加。董事会会议是公司重大决策和决定的表决形式，会议频次可反映董事行使监督权程度和董事会对经营情况的重视程度。频繁的董事会会议表明公司治理完善，有利于推动内部控制顺利运行。

第三，独立董事方面。公司董事主要分为两类：内部董事和外部董事。内部董事通常兼任管理者或经营者角色，缺乏独立性；外部董事可分为非独立外部董事和独立外部董事，前者与公司利益关系密切，后者不与公司产生利益联系，独立性更显著。在公司董事会中，独立董事负责监督管理和决策，绝大部分是学术专家，虽缺乏实际经营经验，但能提供独特见解。独立董事具有客观性和独立性，相较于内部董事，其对公司的监管质量更好。一般来说，当独立董事占比越高，监督效果和质量越理想。

（二）监事会结构对公司内部控制有效性的影响

我国公司的内部监督制度主要采取的是双重性监管，这种监管模式主要分为两个部分，由监事会以及独立董事来监管。监事会与董事会之间是平等的关系，这一点在我国的公司治理结构中是非常重要的。监事会与公司股东大会之间，虽然监事会比公司股东大会低一级，但是监事会却能够对董事会进行监督。这样的制度安排，形成了我国公司独特的治理结构模式。在这一公司治理结构模式中，董事会与监事会的地位是平等的。然而，两者在职权和责任范围上存在明显的区别。监事会主要的职责是对公司的管理和监督，而董事会则主要负责公司的管理和经营任务。在股东大会的决策层面，监事会主要起到监督作用，而董事会则负责执行决策。这种双重性监管模式，既保证了公司的内部监督，又有效地降低了信息不对称的风险，提高了公司的透明度和公正性。同时，监事会和独立董事的存在，也有助于防止公司的管理层滥用职权，保护公司的利益。

第一，监事会规模方面。监事会作为公司内部的重要监督机构，其规模大小不仅关乎其在职责履行方面的质量与能力，而且直接影响到公司的长远发展。虽然我国相关法律明确规定，股份有限公司的监事会成员有 3 人以上，但是一些学者通过研究指出，监事会规模过大或过小都可能对公司的稳定发展产生不利影响。因此，公司监事会规模的设置需要与公司的实际情况相匹配，以确保监事会在公司的发展及运营过程中能够更好地发挥其作用和职能。

一般来说，公司的监事会成员数量应该与公司的规模、业务复杂程度、风险水平等因素相适应。如果公司的监事会规模过小，可能会导致监事会对公司管理层的监督不力，无法有效防止公司的经营风险。而如果公司的监事会规模过大，可能会导致监事会的工作效率低下，影响公司的正常运营。因此，监事会规模的设置需要根据公司的实际情况进行调整，以保证监事会在公司的发展及运营过程中能够更好地发挥其作用和职能。

监事会规模的调整应该遵循以下原则：一是合法性原则，即监事会规模的设置应当符合我国相关法律法规的规定；二是合理性原则，即监事会规模的设置应当与公司的实际情况相适应；三是效益性原则，即监事会规模的设置应当能够提高公司的治理效率，促进公司的稳定发展。

第二，监事会会议数量方面。监事会在公司当中进行表决的主要形式就是监事会会议，所有的重大监事会事项全部都需要经由会议的形式获得成员的一致通过之后才能够在公司内部执行并落实。所以，从一定程度上而言，一个公司内部的监事会会议频次能够客观反映监事会在公司内部的监督权行使力度，假如监事会的会议频次更加频繁时，就意味着公司的治理结构更加完善。

监事会会议是监事会成员对公司治理相关事项进行表决的重要形

式，所有的重大事项都需要经过会议的形式获得成员的一致通过后，才能在公司内部得到执行和落实。监事会会议的频次，在一定程度上可以反映监事会在公司内部的监督权行使力度。如果监事会的会议频次较高，说明监事会对公司的监督力度较大，公司的治理结构相对较为完善。反之，如果监事会的会议频次较低，可能意味着监事会对公司的监督力度不足，公司的治理结构可能存在一些问题。

在一些国际评级机构对公司的评级报告中，监事会会议的频次也是重要的考虑因素。例如，穆迪、标准普尔等国际评级机构在评估公司信用时，会考虑公司的监事会会议频次，以此来判断公司的治理水平。

监事会在公司治理结构中的角色和职责，一直是学术界和实务界关注的焦点。其对公司的有效监督可以确保公司内部管理层的决策行为合规，维护公司的正常运营，同时也能够保障股东的利益。监事会成员通常具有丰富的专业知识和管理经验，他们对公司的决策具有重要的影响。监事会成员可以对管理层和董事会的决策行为进行独立、公正的评估，如果发现决策存在问题，可以提出意见和建议，以避免公司的决策失误。然而，监事会的工作并非一帆风顺。监事会成员在履行职责的过程中，可能会面临来自管理层和董事会的压力。为了保证监事会的独立性和公正性，我国法律规定，监事会成员在履行职责过程中，应当保持独立、公正的态度，不能受到任何形式的干扰。

（三）管理层结构对公司内部控制有效性的影响

在公司的整个治理结构中，管理层扮演着直接负责公司日常经营决策和公司运作的角色，其重要性不言而喻。公司内部控制的有效性，不仅仅取决于公司内部控制制度的设计，更取决于管理层对于内部控制的执行和监督。只有当管理层充分发挥其作用，才能确保公司的内部控制制度能够真正发挥其应有的作用，从而提高公司的经营效率和风险控制能力。

第一，公司治理是一个复杂且多元化的领域，涉及许多不同的因素和层面。在日常的发展和运营过程中，公司所面临的不确定性和风险是不可避免的。管理层人员对于风险的偏好程度，对于他们在运营公司中所做出的决策具有重要的影响。比如，有些管理者比较保守，为了控制投资、降低成本等，会采用多种方法来规避风险。此类管理者的优势在于可以保持和促进企业的稳步发展，受外部环境的影响较小，在企业的经营和发展中，出现违法和违规的可能性很低。相比之下，另一类管理者则更有魄力，更愿意承担风险，如通过创新、扩张、风险资本等，以获得更高的收益。其优势在于可以为企业的发展提供更为可观的盈利收入，从而使企业的经营业绩得以提升。

然而，无论管理层人员的风险偏好如何，他们都需要在公司的治理实践中遵循一定的原则和规定，如公司的法律法规、行业标准、道德规范等。这些原则和规定旨在保护公司的利益，维护市场的公平竞争，促进社会的可持续发展。

第二，在公司治理中，管理层人员的主动性和积极性对于公司的发展至关重要。有效的激励约束机制能够提升管理层人员的工作积极性，从而推动公司经营绩效的提升。

薪酬激励不仅能够满足管理层人员的物质需求，还可以激发他们的工作热情，使他们更加关注公司的运营和发展。通过设定合理的薪酬激励机制，可以激励管理层人员为公司创造更多的价值。股权利益分配机制也是提升管理层人员积极性和主动性的重要手段。股权激励机制可以提高管理层人员的责任感和使命感。通过股权激励，管理层人员可以感受到他们对公司的影响力和控制力，从而更加重视自己的工作，提高工作效率和质量。

此外，管理层人员的技能和素质对于公司的内部控制有效性也具有重要意义。只有管理层人员具备丰富的专业知识和技能，才能够对公司的经营问题进行科学的分析和决策，从而更好地为公司的经营与发展做出合理决断。因此，公司应当注重对管理层人员的培训和选拔，提升其专业素质和业务能力。

（四）股权结构对公司内部控制有效性的影响

股权结构直接决定了股东身份的性质、股权集中的程度以及股东的规模，能够对整个公司内部控制的组成产生决定性的影响。明晰的产权制度是公司内部控制的基础，它能够明确股东的权益和责任，防止股东滥用权力，损害公司的利益。合理的股权制度是公司内部控制的关键，它能够平衡股东之间的利益关系，促进公司的长期稳定发展。

在实际运作中，公司治理结构的股权结构往往受到多种因素的影响，如公司规模、行业特点、经营环境等。因此，公司应当根据自身的实际情况，合理设计和调整股权结构，以达到优化公司治理结构的目的。同时，公司还应当建立健全的内部控制制度，以保证公司的内部控制的有效性。公司应当根据自身的实际情况，合理设计和调整股权结构，以达到优化公司治理结构的目的。同时，公司还应当建立健全的内部控制制度，以保证公司的内部控制的有效性。

股权结构含有两层不同的含义：一层是股权属性，而另一层则是股权集中的程度。

股权属性，也就是股东性质，是影响公司治理的重要因素。在我国特殊的国情影响下，绝大部分的上市公司是由传统的国有公司改制而来。虽然改制过程中已经剥离了部分政府背景，但国有性质的痕迹仍然存在，这使得这些公司在产权方面存在一定的不明确性。产权的不明确性对公司的发展产生了重要影响。首先，这种不明确性导致了公司内部存在着较为严重的内部人控制现象。内部人控制是指公司内部的管理层和员工利用掌握的公司内部信息，进行不正当的利益输送和自我利益最大化。这种现象的存在使得公司的决策过程失去了公正性和透明度，严重影响了公司的长期发展。其次，产权的不明确性使得公司的内部控制制度成为一纸空文。内部控制制度是公司管理的重要手段，它通过设定一系列的控制措施，防止公司内部出现不正当的行为。然而，在产权不明确的情况下，公司的内部控制制度很难得到有效的执行。内部控制制度变成了纸上的规定，无法真正起到约束和监督的作用。最后，产权的不明确性使得内部控制成为内部控制人员的工具。内部控制人员是公司内部专门负责内部控制工作的人员，他们的主要职责是确保公司的决策过程公正、透明，防止公司内部出现不正当的行为。然而，在产权不明确的情况下，内部控制人员很难发挥出他们的作用。他们无法对公司内部的行为进行有效的监督和约束，只能成为公司内部不正当行为的同谋。

股权集中程度主要指的是在公司的股权结构中，各个不同股东所持有的不同股票份额的差异。股权集中的程度一般划分为三种类型：高度集中、适度集中和相对分散。每种股权集中程度都有其独特的特点和可能带来的影响。

在股权集中度较低的情况下，中小股东很可能会产生"搭便车"

的不良行为。少数股东在经营活动中，很容易忽视对经营活动的直接制约和监督。此时，管理者就有可能成为实际控股公司的"操纵者"，从而直接影响到内控的制定与运作。

在企业内部，如果股权结构过于集中，就会产生"一家独大"的弊端。这就造成了中小股东在公司的日常经营和经营中失去了自己的发言权。这种情况下，企业内部存在着信息不透明、不公正等问题，从而对企业的长远、稳定发展产生不利影响。

在企业内持股方式表现出一定程度的集中化特征时，说明目前在公司内各股东持股比例比较平衡。这样他们就可以更好地就企业的经营和经营问题达成共识。由于股权比较平衡，不管是股本或目的，基本上是一样的。在此背景下，股权集中度可以有效地对高管人员进行有效的约束和监督，从而提高企业的内控有效性。

公司应该根据自身的实际情况，合理设计和调整股权结构，以达到提升公司内部控制有效性的目的。

三、公司治理结构下企业内部控制体系优化建议

（一）健全完善内部控制制度与风险管理体系

在快速成长的过程中，很多企业忽视了对内部控制制度的建设，导致其明显滞后于企业的发展需求，从而限制了企业的成长。因此，企业在发展的过程中要注重建设自身内部控制制度及风险管理体系，提升内部控制水平，让其更为高效地助力于企业成长。对此，提出以下建议。

（1）树立强化企业治理层对内部控制功效的正确认知。只有正确认知到内部控制的功效，企业治理层才会重视对内部控制的建设与完善。

（2）优化企业内部环境。企业内部环境的改善依赖其内部治理，也即公司治理。高水准的公司治理能够为企业营造良好的控制环境，有助于内部制度的建设与发挥，使其落到实处。

（3）完善信息披露的内容、形式和频率等。企业对自身内部控制的及时披露有助于企业利益相关者及时发现并解决问题，以此促进企

业价值的提升。

（4）改善监督方式，提升监督功效。监督作为内部控制的关键要素，能够显著提升内部控制的有效性，有助于企业形成良好的经营环境以及及时发现防范风险。

（5）构建内部控制的自我反馈与完善机制。企业通过制定一系列关于内部控制的自我检测、评价以及整改方案的制度安排，能够使其不断地通过自我改进优化得以健全完善，最终促进企业的成长。

（二）优化股权结构

（1）非关乎国计民生的国有企业可以根据实际情况进行股权私有化改革。这样既可以发挥非国有企业股权性质对企业成长的促进作用，又可以通过内部控制与其的交互作用继续助长成长性。

（2）严防股权的过度集中，完善股权制衡。中国股票市场创业板企业多数为成长空间巨大的中小企业，企业的成长可以为第一大股东带来最多的利益，股权集中度在适度范围内愈高愈会促使其为公司提供更多的支持，从而带动公司的发展。为了避免股权过度集中对中小股东利益的侵害，需要其他大股东增持股份形成对其的制衡，以此来削弱如"隧道效应"等不利影响。

（三）提升董（监）事会治理水平

（1）科学设置董事会与监事会规模。其中，适度增加董事会规模。董事会的规模对企业成长性有着促进的作用，但随着其规模的增加，董事的权力也随之分散，因而不同的企业应根据自身的实际情况设置董事会的规模，谨慎设置监事会规模。当前创业板市场监事会规模会抑制企业的成长，但监事会规模与内部控制的交互性却有助于提升其成长性。因而，在尚未弄清楚正向交互作用是否可以抵消负面影响时，监事会规模应暂时保持在法定最低标准 3 人为宜。

（2）完善独立董事制度，建立科学的选聘与考核机制，从而引入富有责任心、专业能力强的独立董事，让独立董事真正做到为企业的发展献策献力。

（3）提高董事会会议效率，避免非必要会议召开。创业板市场企业董事会会议次数与其成长性不相关，一定程度上说明会议效率低下，其在企业经营过程中并没有真正发挥出积极作用，需要制定相关的措施制度改变这种情形。

（4）若非必要，应将总经理职位独立，即要两职分离。实证结果显示，创业板市场企业执行两职合一虽然不会直接阻碍企业的成长，但其与内部控制的交互作用却有碍于企业成长性的提升。目前我国创业板市场约有42%的企业采取了两职合一，反映出在此方面尚有很大的改进空间。

（四）完善股权和薪酬激励机制

（1）优化对董事、监事及高管的股权激励机制。其中，降低当前董事会持股比例从而使其保持在合理的水准内，在此基础上才可以适当对董事实施股权激励，谨慎对监事实施股权激励。目前，创业板市场监事会持股比例虽然会正向影响企业的发展，但其与内部控制的交互作用却有碍于企业成长性的提升，因而在尚未研究清楚正向影响是否可以抵消负向交互作用时，应谨慎对监事实施股权激励计划，在合理水准内对高管实施股权激励计划。这样既会直接促进企业的发展，又可以通过高管持股比例与内部控制的交互作用来继续带动企业成长性的提升。

（2）改进董事和高管的薪酬结构。可以设置多层级或者浮动的薪酬结构将董事、高管的私利较好地融入企业成长进程中。实证结果说明，创业板市场企业董事、高管薪酬与企业成长性并没有表现出显著的相关性，这显然没有发挥薪酬激励的作用。这很可能是目前创业板市场企业之间薪酬的设置没有明显的差异或者缺少浮动的薪酬激励部分，因而应当将两者薪酬与企业长远利益挂钩，激发薪酬机制对企业成长性的促进作用。

第三章

公司外部治理机制

公司外部治理机制是确保公司正常运行的重要制度安排，主要包括市场、法律、监管和社会舆论等方面的力量。市场机制通过竞争和供求关系来影响公司行为，法律和监管机制则通过制定规范和实施惩罚来约束公司行为，社会舆论则通过公众意见和道德压力来影响公司形象和声誉。这些外部力量共同构成了对公司经营活动的制约和监督，以保证公司的合规运营和持续发展。

第一节　公司治理的外部影响因素

一、法治环境与公司治理

法治对公司治理具有深远的影响。各国都在努力加强法治力度，提高公司治理的水平，并更加注重保护弱势群体的利益。良好的法治环境为公司治理提供了坚实的保障，促进了企业的可持续发展和市场的公平竞争。因此，企业应当重视法治建设，确保公司治理的合法、合规和高效。同时，政府和监管机构也应不断完善法律体系，加强法律的实施和监督，以促进公司治理水平的提升和市场经济的稳定发展。法治不仅是一个国家的基础制度，更是公司治理的重要外部环境。

法治通过一系列的法律和规定，对公司的行为进行规范和约束，确保公司行为的合法性和合规性。

完善的法律体系为公司治理提供了明确的指导和依据。企业在进行公司治理时，需要遵循相关法律法规，确保公司治理的合法性和有效性。这有助于减少公司治理中的违规行为和不当决策，降低企业的风险。当法律得到有效实施时，企业必须遵守法律的规定，按照法律的要求进行公司治理。这促使企业不断改进和完善公司治理体系，提高公司治理的质量和效率。此外，法治的重点已经转向维护中小投资人、债权人和其他弱势利益相关者的利益。这反映了现代公司治理的理念，即强调利益相关者的利益平衡和保护。在发达国家，公司治理的法治重点更加注重保护弱势群体的利益，以确保市场公平和稳定。这种转变有助于提高公司治理的公正性和透明度，增强投资者和利益相关者对企业的信任和支持。

（一）部分国家法治环境状况

公司的法律环境对于其治理有着深远的影响。一个国家或地区的法律完善程度和实施程度决定了公司治理的有效性和合规性。因此，企业应当重视法律环境的变化，遵守相关法律法规，以确保公司治理的合法、合规和高效。同时，政府和监管机构也应不断完善法律体系，加强法律的实施和监督，以促进公司治理水平的提升和市场经济的稳定发展。公司的法律环境对于其治理结构和运营模式具有至关重要的影响。在一个国家或地区，法律环境的完善程度和实施程度直接决定了公司治理的有效性和合规性。

法律的完善程度是衡量一个国家法治水平的重要指标。一个健全的法律体系意味着该国已经考虑到了各个方面的法律需求，尽可能全面地覆盖了它应该调节的范围。这意味着企业在运营过程中能够有明确的法律指引，知道哪些行为是合法的，哪些是不合法的。这样的法律环境有助于减少企业的不确定性和风险，使其能够更加专注于业务发展。

当然，仅仅有完善的法律是不够的，还需要使这些法律得到有效的执行。如果法律的实施程度高，意味着大多数法律能被有效地执行，违法者会受到应有的惩罚。这种严格的执法环境会促使企业更加遵守法律，避免任何违规行为。同时，一个良好的法律环境还能够提供有效的法律救济途径。当企业面临纠纷或侵权行为时，能够通过法律途径维护自己的权益。这不仅有助于保护企业的利益，还能够提高整个市场的公平性和透明度。

此外，法律的刚性特点意味着其对公司治理的影响是相对稳定的。一旦某项法律形成并生效，它将在一定时期内稳定地规范公司的行为。然而，当法律进行重大调整时，它可能会对现有的公司治理结构产生冲击。这种调整可能会带来新的机会，也可能会带来挑战。因此，企业需要密切关注法律环境的变化，及时调整自身的治理结构和运营策略。

（二）法律环境与股权结构

公司所有权集中度与法律保护程度之间的关系存在多种可能性和复杂性。在实践中，需要综合考虑不同国家和地区的法律环境和公司治理结构，制定适合当地情况的公司治理策略和法律法规。同时，需要进一步深入研究公司所有权集中度与法律保护程度之间的内在关系及其对公司绩效的影响，以更好地促进公司治理水平的提高和资本市场的健康发展。

在研究公司所有权集中度与法律保护程度之间的关系时，学者们发现股权集中程度在不同法系国家中存在差异。在法律对投资者保护程度较强的情况下，信息透明度高，管理者的利益侵占行为容易被发现和制裁，因此股东不需要过度监督管理者。而在投资者保护程度较差的情况下，为了监督管理者，大股东可能需要拥有更多的资本来行使其控制权，导致股权结构走向集中。

近期研究开始从纵向角度探讨某国公司股权集中度与法律保护在时间序列上的关系。尽管一些人研究支持 LLSV 的观点，但大多数研究并不支持股权集中度与法律保护之间的替代假说。例如，Elston 和 Rondi（2004）发现，英国在 20 世纪上半叶并没有为中小投资者提供很好的保护，但股权结构已经非常分散。此外，数理建模的方法也被用于分析股权集中度与对投资者法律保护的关系。尽管存在不同的观点和研究结果，但大多数模型表明股权集中度与法律保护之间存在负相关关系。

（三）法律环境与公司代理成本

在 1976 年，詹森和梅克林（Jensen & Meckling）提出，代理成本的高低主要取决于成文法和普通法。国内学者余劲松的研究发现，对投资者的立法保护主要包括三个关键方面：信息的透明度、董事的责任以及对股东的诉讼权利。

法律环境对公司代理成本的影响主要表现在约束代理行为、影响代理行为的实施以及保护投资者利益等方面。有效的法律制度能够限制公司内部人员为谋取私利而损害公司利益的行为，降低代理成本。同时，有力的法律实施能够抑制代理人的不良行为，进一步降低代理成本。此外，完善的投资者保护法律可以防止内部人利用信息不对称损害外部投资者利益，从而降低代理成本。总体而言，法律环境对公司代理成本具有显著影响，政府应加强相关法律的制定和实施，以降低代理成本，促进公司的健康发展。

二、政治、文化和技术环境与公司治理

除了法律环境之外，文化和技术环境也对公司治理产生着深远的影响。在制定公司治理策略时，我们需要综合考虑不同国家和地区的文化和技术环境因素，制定出适应特定环境的治理策略。同时，我们还需关注这些环境因素的变化趋势，及时调整治理策略以适应不断变化的市场环境。

（一）政治环境与公司治理

政治环境是影响公司治理的重要因素之一。它不仅决定了公司的所有权结构、代理成本和资本结构，还影响了公司的决策过程和战略方向。在制定公司治理策略时，我们必须充分考虑政治环境的影响，以实现长期可持续发展并满足利益相关者的期望。同时，加强与政府部门的沟通合作，寻求互利共赢的解决方案也是至关重要的。

美国法学家马克·洛和柯蒂斯·米洛特等学者对政治环境如何影响公司治理进行了深入的研究。他们认为，政治环境不仅决定了公司的

运行方式，而且对公司治理的结构和运作方式产生了不可忽视的影响。

政治环境是一个复杂的领域，涵盖了影响公司运作的各种政治因素。这些因素可能包括政府的稳定性、政治制度、政府对经济的干预程度、法律和监管环境等。这些因素不仅影响公司的日常运营，还对公司治理的结构和运作方式产生深远的影响。

政治环境对公司的影响是多方面的。政治因素可以决定公司的所有权结构。在某些国家，政府可能会持有大量股份，或者对关键行业的公司进行控股。此外，政治因素还可能影响公司的规模、产品方向、筹资方式以及资本所有者、管理者和员工之间的关系。

（二）文化、道德环境与公司治理

格特·霍夫施泰德（Geert Hofstede）是一位荷兰人类学家，他在1980 年和 2008 年期间从文化的角度研究了跨国公司的管理等问题。他构建了一个基于五个基本维度的分析框架，这个框架最初只有四个维度，但在 1993 年增加了"长期/短期关系导向"这个新维度。我们认为，霍夫施泰德的研究不仅适用于跨国公司的管理，也完全可以应用于公司治理的研究。

1. 权力间距

权力间距指的是某一社会中地位低的人对于权力在社会或组织中不平等分配的接受程度。它是用来衡量社会承认机构和组织内权力分配不平等的一种文化尺度，是各种社会文化群体中普遍存在的现象。在组织管理中，权力间距与集权程度、领导和决策联系在一起。在一个高权力间距的组织中，下属往往趋于依赖其领导人，在这种情况下，管理者常常采取集权化决策方式，管理者作决策，下属接受并执行。而在低权力间距的组织中，管理者与下属之间只保持一个较低程度的权力差距，下属则广泛参与影响他们工作行为的决策。不同的国家和文化对权力的理解不同，因此在这个维度上存在着很大的差异。例如，欧美人不是很看重权力，他们更注重个人能力。而亚洲国家由于体制的关系，注重权力的约束力。

公司治理中的权力间距是指权力在公司内部不同成员之间的分配情况，即公司内部的权力不平等程度。权力间距的大小可以用来测量公司内部对社会不公平的忍耐度，反映一个公司内部成员接受公司组织中权力分配的程度。在一个权力间距大的社会中，人们更倾向于接受一种等级制度秩序，认可权威，管理者往往使用独裁的领导风格，官僚作风盛行，强调员工应遵守命令和忠诚。

此外，企业文化对权力间距也有影响。企业文化可以分为高权力间距和低权力间距两种类型。在高权力间距的企业文化中，下级对上级有紧张感，而低权力间距的企业文化则使下级感到平和。

2. 不确定性的规避

对不确定性的容忍度是一种文化特征，它反映了人们对待未知和不可预测情况的态度。这种态度不仅影响个人的决策，还对公司治理结构产生深远的影响。

在不确定性容忍度较低的国家，人们往往更加保守，倾向于规避风险。他们更倾向于选择稳定和可预测的投资方式，以减少未来的不确定性。因此，在这种文化背景下，债权投资往往占据主导地位。债权投资的特点是风险相对较小，收益相对稳定。这意味着公司更可能通过债务融资来筹集资金，因为这种方式能够提供相对安全的资金来源。

相比之下，在不确定性容忍度较高的国家，人们更愿意冒险，寻求高回报的机会。这种文化背景鼓励人们抓住不确定的机会，因此股权投资的比例通常较高。股权投资的特点是风险较高，但潜在的回报也更大。在这样的文化背景下，公司更可能选择股权融资，因为这种方式能够提供更多的资金用于创新和扩张。

这种对不确定性的容忍度差异在公司中表现为不同的资本结构。资本结构是指公司通过各种方式筹集资金的比例关系。在容忍度较低的国家，公司更倾向于选择债务融资，因为这种方式能够提供相对稳定的资金流。而在容忍度较高的国家，公司更可能选择股权融资，以利用更多的外部资本进行扩张和发展。

资本结构的不同进一步产生了公司治理模式的差异。在债权主导的公司中，管理层更加注重稳健经营和风险控制，以避免债务违约的风险。而在股权主导的公司中，管理层更加注重创新和增长，以实现股东价值的最大化。这种治理模式的差异反映了不同文化背景下人们对风险和回报的不同偏好。

总体来说，对不确定性的容忍度是一个重要的文化因素，它影响公司的资本结构和治理模式。在制定公司治理策略时，我们需要充分考虑目标市场的文化背景，以更好地满足利益相关者的期望并实现可持续发展。

3. 个人主义与集体主义

个人主义和集体主义是两种截然不同的文化价值观，它们在产权结构和公司治理模式上都有所体现。个人主义强调个人的自由、权利和独立，而集体主义则更加强调集体的利益、团结和归属感。了解不同文化背景下的价值观差异有助于更好地理解组织行为、决策和公司治理结构，为企业的跨国经营和发展提供更好的支持。

在个人主义倾向较高的文化中，人们更加强调自我实现和追求个人成就。他们更加注重个人目标的实现，往往愿意为了个人利益而冒险和奋斗。在这种文化背景下，产权结构往往较为分散，因为人们更加注重个人的权利和自由。这种分散的产权结构有助于保护个人的权益，激发个人的创新和奋斗精神。

与此相反，在集体主义倾向较强的文化中，人们更加注重集体的利益和团结。他们通常对所在的集体保持高度的忠诚，愿意为了集体的利益而牺牲个人的利益。在这种文化背景下，产权结构往往更加集中，因为集体的利益和目标需要得到更好的协调和控制。这种集中的产权结构有助于强化集体主义价值观，促进集体内部的团结和协作。

这种文化差异也反映在公司治理模式上。在个人主义倾向较强的英美等国家，公司治理模式通常较为分散，股权结构多样化。这是因为这种治理模式能够更好地保护股东的权益，激发市场机制的作用。而在集体主义倾向较强的欧洲大陆和东南亚一些国家，公司治理模式则更加注重集权和控制，股权结构也相对集中。这种治理模式有助于强化集体的利益和控制，促进公司内部的稳定和协作。

4. 短期—长期标准

短视和长期的视角代表了两种不同的文化观念和价值观，它们对公司治理结构产生着深远的影响。了解不同文化背景下的观念差异有助于更好地理解组织行为、决策和公司治理结构，为企业的跨国经营和发展提供更好的支持。

短视的观念注重既定的价值和传统，人们更加尊重社会地位高的人，重视"颜面"。在这种文化背景下，人们往往遵循传统的道德和行为规范，不愿意冒险和尝试新事物。他们注重短期约定，重视眼前的利益和结果。这种观念在公司中表现为更加注重外部治理机制，如监管、法律和外部利益相关者的参与。公司治理的目标是确保短期的稳定和效率，避免风险和不确定性。

与此相反，长期的视角更加注重发展中的价值和未来。人们将传统和道德理念与当代情况相结合，不盲目服从有社会地位的人。他们勤俭节约，进行大量的储蓄和投资，重视努力，注重道德品质。在这种文化背景下，人们更加注重长期约定和合作关系，愿意为了长期的利益而牺牲短期的利益。这种观念在公司中表现为更加注重内部治理机制，如公司文化和价值观、管理层激励和员工参与等。公司治理的目标是实现长期可持续发展和价值创造。

在短视的观念下，公司的外部治理机制更为高效，因为人们更加注重规则、法律和监管的约束。而在长期的视角下，公司的内部治理机制更为关键，因为人们更加注重公司文化和价值观的塑造以及管理层和员工的激励。

（三）技术进步与公司治理

技术对企业组织形式的影响是一个深入且复杂的议题。马克思的"生产力决定生产关系"的理论为我们提供了一个宏观的视角，指出技术作为决定生产力的主要因素，对企业制度，即企业治理关系有着深远的影响。随着技术的变革，企业制度也会随之调整。特别是当前的信息技术革命，其中互联网、物联网、大数据、云计算和智能技术等都在重塑我们的工作和生活方式。这些技术对公司治理模式产生了深刻的影响。互联网降低了信息成本，使得公司利益相关者的信息搜集能力提高，促使新的治理主体如中小股东和社群的涌现。同时，随着互联网的发展，网络群体和社交媒体逐渐成为公司外部治理的重要力量，进一步分散了公司治理的成本。

此外，大数据和云计算为公司提供了科学决策的数据支持，同时也为公司内部的激励和监督活动提供了新的手段。这使得公司治理更加公开化和信息化，增强了公司适应信息环境的能力。

除了技术因素，不同国家的法律、政治文化差异也是影响公司治理的重要因素。文化、道德与法律、政治等因素共同构成了公司的重要外部环境，并对公司治理及其模式的形成和运作产生了长期而深远的影响。

技术、文化和法律等多重因素共同影响着企业的组织形式和治理模式。随着科技的快速发展和全球化的推进，我们预期未来将会有更多跨文化的公司治理实践和理论出现。

三、党的领导融入现代公司治理

党的领导是国家发展、社会建设的基石，这一点是毋庸置疑的。在现代公司治理中，坚持党的领导可以为公司提供正确的政治方向和组织保障，确保公司的经营和管理符合国家法律法规和社会道德标准。同时，党的领导也可以增强员工的凝聚力和向心力，提高员工的工作积极性和创造性，推动公司实现可持续发展。坚持党的领导是新时代公司治理的核心原则，通过将党的领导与公司治理相融合、加强党的建设、落实党的要求等措施，可以推动公司实现健康、稳定、长远的发展。

在新时代背景下，坚持党的领导是公司治理的必然要求，也是现代公司治理的必然路径。通过将党的领导与公司治理相融合，可以确保公司发展方向的正确性和长远性，提高公司的核心竞争力和治理水平。在实践中，要将党的领导融入公司治理的各个环节和方面，发挥党组织在公司治理中的重要作用。同时，公司内部应该建立健全的制度体系，确保党的领导在公司治理中得到有效落实。此外，加强党的建设也是公司发展的重要支撑。通过加强党的建设，可以提高员工的政治觉悟和思想认识，增强公司的凝聚力和向心力。同时，党组织还可以为公司提供更加全面和长远的发展视角，帮助公司应对各种挑战和机遇。只有以坚定的信念和决心，将党的要求落实到公司治理的实践中，才能确保公司的高速、高质量发展，为公司在新时期的治理交上一份满意的答卷。

（一）党的领导融入现代公司治理的重要性

坚持党的领导是公司治理的重要保障和基础。只有加强党的领导，才能真正实现公司的长期稳定发展，提高公司的核心竞争力和市场地位。

1. 保证公司发展方向的正确

党的领导在公司治理中发挥着不可或缺的作用，具有丰富的精神导向和先锋旗帜作用。依托党的领导，公司能够明确发展方向，加强内部管理，统一思想，形成强大的向心力和凝聚力。党的领导可以为公司提供精神上的指引，使公司能够上下一心、团结一致，共同应对各种挑战和困难。党的领导还可以为公司提供政策上的指引，使公司更好地理解国家政策，把握发展机遇，顺应时代潮流。同时，党的领导也可以为公司提供方法上的指引，通过学习党的方针政策，公司可以掌握新的管理方法和手段，提高自身的管理水平和创新能力。

2. 增强人才培养的有效性

人才是公司发展的关键因素，而党的领导在人才培养中发挥着重要的作用。首先，通过深入学习党的精神，可以将党的使命精神和奋斗精神融入人才培养中，使人才具备强烈的使命感和责任感，从而在工作中坚定理想信念，为公司的发展作出贡献。其次，以党的思想作为人才培养的指导思想，可以使人才培养更加符合国家的发展战略和时代要求，为新时代的伟大变革贡献力量。最后，人才培养的目标应该与中华民族伟大复兴的信念紧密相连，通过培养具备远大战略目标和深远战略思想的人才，为实现中华民族伟大复兴的任务不断接力。

党的领导在人才培养中具有重要的作用。只有坚持党的领导，才能培养出符合国家发展要求、具备创新能力和远大理想的人才，为公司的发展提供源源不断的动力和支撑。

3. 加强公司的管理

党的领导在公司管理中发挥着重要的作用。首先，坚持党的领导可以加强公司的民主决策，优化公司的决策机制，使公司决策更加高效和科学。通过广泛吸收意见和不断创新形式，公司可以更好地应对各种问题和挑战，加快发展速度。其次，党的指引作用可以有效加强公司的监督，稳定落实公司的发展制度。党建工作的发展可以使监督更加有效，不仅可以在外部监督上创新效果和手段，还可以使公司的自我监督和自我管理更加到位。最后，党的领导是公司管理的旗帜，党的先锋精神将融入公司的发展，为公司的发展提供积极的力量。

坚持党的领导是公司管理的重要保障和基础。只有加强党的领导，才能真正实现公司的长期稳定发展，提高公司的核心竞争力和市场地位。

（二）传统公司治理模式中出现的问题

1. 管理层级臃肿

随着公司发展时间的增长和经营范围的扩大，传统的公司管理方式往往会导致管理层级增多，这在一定程度上增强了公司对细化产业结构的控制能力。然而，管理层级的增加也会带来一些问题。首先，管理层级增多会导致决策成本加大，因为决策需要通过多个层级进行传递和审批，这不仅会降低决策效率，还会增加决策的成本。其次，管理层级增多也容易导致管理层级臃肿，这不仅会影响公司的运营效率，还会增加公司的运营成本。此外，管理层级之间的责任难以落实也是一个重要问题，这会导致责任不明确、管理混乱等问题。

为了解决这些问题，公司需要采取一些措施。首先，公司可以优化组织结构，减少管理层级，提高管理效率。同时，公司可以加强信息化建设，提高信息传递的速度和准确性，减少信息传递的成本和失真。其次，公司可以建立有效的激励机制和责任制度，明确各层级的职责和权利，确保责任的有效落实。此外，公司还可以加强人才培养和管理，提高管理人员的素质和管理水平，从而提升公司的整体运营效率和管理水平。

在公司的长期发展过程中，管理层级的增加是一个不可避免的问题。然而，公司可以通过优化组织结构、加强信息化建设、建立有效的激励机制和责任制度以及加强人才培养和管理等措施来解决这些问题，提升公司的运营效率和管理水平。

2. 公司管理缺乏有效监督

对公司管理的有效监督是促进公司正向化、积极化发展的重要保障。如果没有有效的监督机制，公司的管理容易走向错误的方向，难以达到预期的目标。因此，建立有效的监督机构和监督措施是必要的。

公司需要建立完善的监督机制，包括内部监督和外部监督两个方面。内部监督可以通过内部审计、纪检等部门来实现，确保公司内部运营的合规性和有效性。外部监督可以通过政府监管部门、行业协会等机构来实施，加强对公司的监督和规范。

公司需要制定科学、合理的监督措施。这些措施应该包括对公司的经营、管理、财务等方面的全面监督，确保公司运营的合规性和有效性。同时，监督措施应该具有足够的可操作性和可执行性，能够真正起到监督的作用。

建立有效的监督机制和监督措施是公司管理的重要环节。监督结果应该及时反馈给相关部门和人员，并根据监督结果进行整改和优化。同时，对于违反规章制度的行为，应该及时进行处理和惩罚，以维护公司的正常运营和管理秩序。只有通过有效的监督，才能确保公司运营的合规性和有效性，促进公司的长期稳定发展。

3. 公司的股东和管理层相分离

解决股东和管理层之间的分歧是公司治理中的一项重要任务。

（1）建立有效的沟通机制。股东和管理层之间需要建立有效的沟通渠道，确保双方能够充分了解对方的想法和需求。通过定期的股东大会、董事会会议、管理层报告等方式，加强双方之间的信息交流和意见反馈。

（2）优化公司治理结构。公司应该建立完善的治理结构，明确股东和管理层的职责和权利。通过制定合理的公司章程、董事会职责、管理层职责等文件，规范双方的行为，确保公司运营的合规性和有效性。

（3）建立激励机制。公司可以建立激励机制，鼓励管理层以股东利益最大化为目标进行经营。例如，可以采用股权激励计划、绩效奖励等方式，将管理层的利益和股东利益相结合，降低双方之间的利益冲突。

（4）加强监管和监督。政府、监管机构和投资者应该加强对公司的监管和监督，确保公司运营的合规性和透明度。对于违规行为，应该及时进行处理和惩罚，维护市场的公平和秩序。

（5）提高管理层素质。公司应该加强对管理层的培训和教育，提高其专业素质和管理能力。管理层需要具备高度的责任感和职业道德，能够充分理解股东的期望和需求，并采取有效的措施解决分歧。

解决股东和管理层之间的分歧需要多方面的努力和措施。通过建立有效的沟通机制、优化公司治理结构、建立激励机制、加强监管和监督以及提高管理层素质等措施，可以有效地缓解双方之间的矛盾，促进公司的长期稳定发展。

（三）将党的领导融入现代公司治理的路径

将党的领导融入现代公司的治理是时代发展的必然要求，也是公司治理的全新途径。通过加强党的思想引领、优化决策机制、加强监督和管理工作以及激发创新活力等方面的实践，公司可以更好地实现长远发展目标，提高自身的核心竞争力和市场地位。同时，这种融合也有助于推动公司治理的现代化进程。

1. 从党史学习教育出发进行人才的针对性培养

党史学习教育是人才培养的重要组成部分，是培养具有使命感和责任感的人才的必然方式。通过学习中共党史，人们可以更好地了解党的历史、理论和精神，更好地理解党的宗旨和使命，从而增强对党的认同感和归属感。

在人才培养中，加强党史学习教育具有重要意义。首先，党史学习教育能够帮助人们树立正确的历史观和国家观，增强人们的爱国情怀和民族自豪感。其次，党史学习教育能够促进人们的思想觉悟和政治素养的提高，使人们更加深入地理解党的理论和路线方针政策，增强执行党的决策的自觉性和坚定性。最后，党史学习教育能够培养人们的使命感和责任感，使人们更加明确自己的历史使命和社会责任，从而在实践中不断发挥自己的作用，为实现中华民族伟大复兴的中国梦贡献力量。

因此，我们应该高度重视党史学习教育在人才培养中的作用，将其作为人才培养的基础性工作来抓。同时，我们也应该不断创新党史学习教育的方式和方法，使其更加符合时代特征和人们的需求，更好地服务于党和人民的事业。

除了培养人才的理想信念和道德品质外，党史学习教育还有助于提升人才的战略思维能力。通过学习党史中的重大历史事件和党的思想、理论和路线方针政策，人才能够拓宽视野、提高战略思维能力。这将使他们在工作中更加注重全局性、战略性思维，制订出更加清晰、有效的解决方案。这种战略思维能力的提升将有助于公司在激烈的市场竞争中保持领先地位，实现可持续发展。

2. 深入推进党建工作助推公司建设

党建工作是加强党的领导的基础，也是推动公司发展的重要保障。通过深入推进党建工作，可以促进公司建设的统筹发展，加强党的领导和公司建设的融合。因此，我们需要采取有效的方法来提高党建工作的质量，将党的精神和建设措施融入公司的创新发展，实现公司发展与党建的深度融合。

（1）实行党的统一领导。通过深入进行党建工作，可以更好地发挥党的领导在企业治理中的核心作用。

在企业中设立党员监督组织，对企业的经营、管理等一系列事务进行监督，保证企业的一致目标、规章制度和长远计划得到贯彻执行。对于管理中出现的问题和错误，要及时进行纠正和解决，防止问题的扩大和恶化。这样可以保证企业的管理在正确的轨道上运行，提高企业的稳定性和发展潜力。

通过党员的示范引领，激发企业员工的积极性和创造力，推动企业的发展。党员要严格要求自己，以更标准、更有效的方式工作，服从命令，听党指挥。通过党员的示范引领，让企业员工在学习和模仿中不断提高自己的工作能力和素质，增强企业的凝聚力和向心力。

党的组织是党在企业中的战斗堡垒，要建立健全党的组织体系，明确各级组织的职责和任务。通过党的组织建设，可以更好地发挥党的领导作用，推动企业的发展和进步。

（2）完善公司建设。党建和公司建设是相辅相成、互相促进的关系。通过加强党建工作，可以提升公司的治理水平和核心竞争力，同时公司建设也可以为党建工作提供更好的平台和载体。

党建工作可以帮助公司确立统一的发展目标，消除层级间的隔阂，凝聚内部力量。通过加强思想建设、组织建设、作风建设等方面的党建工作，可以提高员工的政治觉悟和思想认识，增强企业的凝聚力和向心力。同时，党建工作还可以帮助公司更好地认识创新发展和中华民族伟大复兴的历史使命，激发员工的积极性和创造力，推动企业的发展。

通过加强党的领导，可以实现自上而下的高效管理和自下而上的问题反馈，使公司的决策更加科学、执行更加有力。同时，党建工作还可以帮助公司更好地落实各项管理要求，提高员工的执行力和工作效率，使公司更加团结、有序地发展。通过加强党建工作，可以引导公司在改革中坚持正确的方向，确保改革符合国家法律法规、方针政策和企业的实际需要。同时，党建工作还可以激发员工的创新意识和进取精神，推动公司在市场竞争中取得优势地位。

第二节　信息披露机制与公司治理

一、公司信息披露基本理论

信息披露在公司治理中至关重要，特别是财务信息的及时、准确和全面披露，对于保护外部投资者利益至关重要。理性诚实的管理者应按规定提供公司经营、财务状况和外部经营环境信息，这有助于提高公司治理水平，维持公司生存与发展。然而，由于信息披露成本，管理层往往不愿过多披露财务信息。实际上，许多经营者采取这种策略，如美国安然、世通和雷曼兄弟等大公司破产事件。这些大公司破产并非个人错误，而是整个监控系统或信息披露机制的问题。因此，除优化股权结构、建立良好法治秩序和商业规范外，引导投资者关注公司信息披露也是提高公司治理水平的重要途径之一。

（一）公司信息披露的文献回顾

信息披露是企业公开财务和经营信息的重要手段，旨在消除企业与投资者之间的信息不对称。这些信息通过财务报表、附注和审计报告等形式公开，帮助投资者评估证券价值。信息披露不仅回应了企业的合法性，也帮助审计机构积累声誉资本。狭义上，信息披露特指上市公司在发行和流通证券过程中依法公开的有关证券的真实信息。

英国经济学家约翰·斯图亚特·穆勒在1848年已提出股份公司信息披露的必要性，强调在银行业、保险业和其他依赖信用的产业中，公开性对经营成功至关重要。然而，对上市公司信息披露的正式研究直到20世纪30年代才开始，而大量分析出现在20世纪60年代以后。这一时期，有效市场理论和信号传递理论等重要理论出现。伊斯特本鲁克和费希尔研究了信息披露与投资者成本和强制信息披露问题，布伦南（Brennan）、诺伊（Noe）、阿布迪（Aboody）和卡斯布吉姆（Kaszbujm）研究了自愿信息披露问题，特鲁曼（Trueman）和布什曼及史密斯(Bushman & Smith)研究了信息披露的类型、边界和质量。

（二）信息披露的类型、边界和质量

信息披露是公司治理中不可或缺的一环，其目的在于消除企业与外部投资者之间的信息不对称，提高公司的透明度和公信力。为了实现这一目标，学术界提出了多种理论和观点，以指导实践。

部分学者认为，健全且有效的公司信息披露应包含三个关键部分：公共信息的披露、私有信息的披露以及信息的传递。他们强调，这不仅关乎信息披露和传递的数量，更关乎其质量。公共信息的披露是指那些对所有投资者都公开的信息，如财务报表和重大事项公告等；私有信息的披露则是指那些仅对特定投资者或利益相关者披露的信息，如内部管理报告和战略规划等；信息的传递则是指公司如何有效地传递这些信息给相关的利益方。

弗雷克恰（Vrrecchia）（2001）将信息披露分为三类："基于联系的披露"，这种披露通过影响资产均衡价格和交易数量，从而改变投资者的个人行为。"基于自主选择的披露"，反映管理者和企业如何选择他们了解的信息；"基于效率的披露"，关注哪些披露制度更适合满足信息缺乏的环境。这种分类方法强调了信息披露的经济效率和效果，为信息披露的研究提供了新的视角。

此外，有些学者则更简洁地将公司的信息披露分为自愿披露和强制披露两类，这种分类在1932年就由伯利和米恩斯提出。自愿披露是指公司主动对外披露的信息，如盈利预测、社会责任报告等，而强制披露则是指法律法规要求公司必须披露的信息，如财务报表、重大事项公告等。

许多学者主张在不损害公司商业机密的前提下，应尽可能多地披露信息，但信息披露的质量更为关键。衡量信息披露质量的标准包括可靠性、相关性、可理解性、可比性和实质重于形式等。可靠性是指信息是否真实、可靠、完整；相关性是指信息是否与投资者的经济决策需求相关；可理解性是指信息是否清晰明了，易于理解；可比性是指公司是否在不同时期对相同或相似的交易采用一致的会计政策；实质重于形式是指公司是否根据交易的经济实质而非法律形式进行会计核算。此外，还有学者强调重要性、谨慎性和及时性等标准。

二、信息披露机制

在市场经济国家，上市公司和大型非上市公司都需要遵循信息披露的要求。这些要求可以是强制的或自愿的，由各国证券管理当局制定，要求公司根据会计、财务和非财务的高质量标准准备并披露相关信息。

（一）自愿披露机制

对于公开上市的公司来说，及时、准确、充分地对外披露公司的相关信息是至关重要的。这是因为这样的信息披露不仅有助于提高公司的透明度，增加投资者信心，还能帮助公司吸引更多的资金，从而推动公司的长期发展。

1. 自愿披露的动机

在公司委托—代理框架内，股东监督管理层的代理成本最终由代理人承担。为了降低代理成本，管理层有动机主动向股东提供经过审计的财务报告，确保财务信息的透明度和准确性。这种披露不仅有助于减少内部人和股东之间的信息不对称，还能提高公司的治理水平和信誉度。

由于市场上的信息不对称现象普遍存在，及时、准确地披露公司财务信息有助于减轻因信息不对称造成的逆向选择损失。优质公司通过传递自身高质量的信息，让市场了解其高于平均水平的质量，从而获得正确的价值评价。这种信息披露不仅有助于提升公司的市场形象和声誉，还能吸引更多的投资者和合作伙伴，促进公司的长期发展。此外，控制权竞争、股票补偿计划与管理者能力信号显示也是上市公司披露信息的原因之一。有才能的管理者也愿意向市场披露信息显示自己的能力，从而获得更高的职业声誉和更好的职业发展机会。

2. 自愿披露信息的构成

在市场经济体制中，上市公司自愿披露信息是十分重要的。这种机制不仅有助于提高公司的透明度，还有助于维护投资者权益和推动资本市场的健康发展。

伯利和米恩斯（1932）的研究为我们理解公司信息披露的重要性提供了早期视角。他们指出，公司通过多种方式向市场传递信息，这些方式按其重要性可以分为周期性的情况报告、临时性的情况报告和声明、特定情况下发布的临时报告、向经纪人或银行提供的信息资料、供标准金融刊物或金融手册使用的信息以及供金融期刊使用的无须署名的临时信息。这些信息披露方式为公司与市场之间的沟通搭建了桥梁，有助于减少信息不对称，增加投资者对公司的了解。

美国注册会计师协会（AICPA）在1994年发布的《改进企业报告——面向用户》报告中，强调了管理当局对数据的分析，这些分析能够帮助投资者更好地理解公司的财务状况和发展前景。此外，前瞻性信息、关于管理层和股东的信息以及关于公司背景的相关信息也是企业自愿披露的重要内容。这些信息的披露能够增强投资者对公司的信任，提升公司的市场形象和声誉。

值得注意的是，大多数经济大国有关于公司自愿披露信息的规定。这些规定旨在鼓励公司自愿披露更多信息，提高市场的透明度和公平性。通过建立规范的信息披露机制，可以降低内部人与外部投资者之间的信息不对称，减少欺诈和舞弊行为的发生，保护投资者的合法权益。

3. 自愿信息披露的方式

伊斯特本鲁克和费希尔（1991）深入探讨了公司自愿披露信息的策略。他们认为，由于市场对公司信息的需求多样化，优质公司需采取特定的策略来确保其披露的信息为市场所信任。

公司可以聘请有声誉的外部会计人员对公司的账簿和其他重要记录进行审查，并验证其披露信息的准确性。这种做法不仅增强了信息的透明度，还为投资者提供了一个独立的验证来源，有助于建立信任。或者公司可以要求其管理层持有公司相当数量的股份。当管理层持有大量公司股份时，他们的利益与股东更加一致，更有动机维护公司的价值。这种管理层持股的方式增强了投资者对公司信息披露的信任度。

此外，公司可以选择通过负债模式运营，使管理层与投资者共担风险。负债模式意味着管理层和投资者之间建立了更紧密的利益关系。当公司运营良好时，管理层和投资者都能从中获益；而当公司运营出现问题时，他们也需要共同承担风险。这种模式使投资者更愿意相信公司披露的信息或者公司可以要求管理层做出有法律约束力的承诺。例如，如果公司的运营状况未能达到承诺的水平，管理层必须对投资者进行一定的给付。这种承诺机制为投资者提供了一个保障，使他们相信管理层是认真对待信息披露的。

通过以上策略，公司可以提高其信息披露的可信度和透明度。这不仅有助于投资者更好地了解公司的财务状况和经营业绩，还加强了投资者对公司的信任，进而促进了资本市场的健康发展。

（二）强制披露机制

1. 强制信息披露的动因

信息披露的规范理论强调了强制信息披露在资本市场中的重要性。这一理论认为，通过制定和实施强制上市公司披露信息的制度，可以有效地规范企业的信息披露行为，减少企业内部管理者和外部信息使用者之间的信息不对称现象。这种信息披露的规范不仅为外部信息使用者提供了决策所需的依据，还有助于维护市场的公平和公正。

强制性信息披露有助于缓解大股东可能利用信息不对称侵占中小股东利益的问题。在股权集中的公司中，大股东往往拥有更多的信息和决策权，他们可能利用这些优势来侵害中小股东的利益。通过强制上市公司披露信息，中小股东可以获得更多关于公司的真实情况，减少被大股东欺骗的风险，从而更好地保护自己的利益。管理层作为公司的经营管理者，拥有对公司经营信息的优先知情权。如果没有强制性的信息披露要求，管理层可能会利用这种信息优势来操纵公司的财务状况或隐瞒不良业绩，给股东带来利益损失。通过强制信息披露，可以增加管理层行为的透明度，减少其通过信息操纵来损害股东利益的可能性。

此外，强制性信息披露还有助于维护债权人的权益。在债权人与股东和管理层之间存在信息不对称的情况下，债权人可能面临被股东和管理层串谋滥用资金的风险。例如，股东和管理层可能会选择高风险的投资项目，从而将债权人的资金置于高风险状态。通过强制公司披露重大投资决策的信息，债权人可以更好地监督和评估公司的经营行为，防止自身权益受到侵害。

更重要的是，如果没有强制信息披露制度，可能会导致社会成本的增加。在市场经济中，信息的搜寻和获取是需要付出成本的。如果没有强制性的信息披露要求，市场中的每个个体可能需要花费更多的资源和时间去搜集和分析信息。在这种情况下，可能会导致经济资源配置不当和社会资源浪费的问题。而通过强制上市公司披露信息，可以降低个体搜寻信息的成本，提高市场的运行效率，减少社会资源的浪费。

2. 强制信息披露的主要内容

伯利和米恩斯在1932年的研究中，深入探讨了强制信息披露的必要性及其主要内容。他们认为，为了保障投资者的权益和维护市场的公平，上市公司必须公开其各种文件、股东名册、持股数量以及年度报告资料等关键信息。这些信息是外部投资者评估公司状况、作出明智投资决策的重要依据。

随着时间的推移，国际组织也开始关注信息披露的重要性。OECD

（经济合作与发展组织）在 2004 年制定的公司治理原则中，明确规定了公司应该公开的信息范围。这些信息包括但不限于：公司的财务和经营成果、未来的经营目标、主要股份的所有权和投票权分配、董事会成员及高级职员的薪酬政策、董事会成员的相关信息以及关联方交易等。这些信息的公开有助于提高市场的透明度，减少内部交易和欺诈行为，保护投资者的利益。

在实践中，不同国家和地区的监管机构对信息披露的要求存在差异。曹阳和穆林娟（2003）指出，目前大多数国家规定的信息披露标准主要有两类。一类是以美国和日本为代表，强调"重要信息"的披露，注重信息的准确性和完整性；另一类则以欧盟和我国香港为代表，主要关注"价格敏感信息"的披露，即那些可能对证券价格产生显著影响的信息。这种差异反映了不同国家和地区在资本市场发展程度、法律环境和监管政策等方面的差异。

为了更好地比较不同国家的信息披露制度，章玉林、铁钟和生锴高（2005）对英、美、德、日等国的公司信息披露制度进行了系统的比较研究。他们发现，这些国家在信息披露的要求、监管机构、法律责任等方面存在较大差异。例如，英国和美国的信息披露制度较为灵活和宽松，强调自愿披露，而德国和日本则更加注重强制性披露，并对违规行为采取严厉的法律制裁。

（三）影响公司信息披露的主要因素

信息披露的目的是降低信息不对称，但受成本与收益影响，公司决策是否披露信息。

从公司内部来看，一些因素可能制约信息披露，包括公司的股权结构、董事会特征与高管激励等。这些因素可能会影响公司的决策过程和信息披露的意愿。例如，如果公司的股权结构较为集中，大股东可能会为了自身利益而倾向于隐瞒某些信息，这可能会导致信息披露得不充分。另外，董事会特征和高层管理人员的激励也可能影响信息披露的质量和数量。如果董事会缺乏独立性和专业性，或者高层管理人员对短期业绩的追求高于长期价值创造，可能会导致公司选择性地披露信息或者隐瞒负面信息。

从公司外部来看，法律法规的健全程度以及信息中介市场的发展状况也会对信息披露产生影响。如果法律法规对信息披露的要求不严格或者执行不力，可能会降低公司披露信息的意愿。同时，如果信息中介市场不发达，缺乏专业的信息收集、整理和发布机构，也可能会导致信息披露的不充分和不对称。

因此，为了提高信息披露的质量和透明度，需要综合考虑公司内部和外部的各种因素，加强法律法规的建设和执行，同时促进信息中介市场的发展和规范。这样才能更好地保护投资者的权益，促进资本市场的健康发展。

信息披露受到多种内外因素的影响。为了提高信息披露的质量和透明度，需要综合考虑股权结构、董事会特征、管理层激励、法律法规状态以及信息中介机构的作用。建立健全的监管体系、优化公司治理结构并提高各方的诚信意识和责任意识是促进信息披露规范化的关键。信息披露是资本市场中的重要环节，其规范性和透明度对于投资者保护和市场公平具有重要意义。

（1）股权结构。股权结构的不同会影响大股东和管理层的信息披露行为。例如，集中的股权结构可能会减少管理层利用信息披露侵占外部股东利益的可能性，但也可能导致大股东进行选择性信息披露以误导中小投资者。此外，机构投资者和家族股东在信息披露方面的态度也有所不同。

（2）董事会特征。董事会的规模、独立性和构成对信息披露的质量有显著影响。大规模的董事会更容易发生财务报告舞弊行为，而提高独立董事或外部董事的比例则可以降低信息被操纵的可能性。同时，特定的董事，如影子董事，也可能对信息披露产生负面影响。

（3）管理层的激励。管理层的激励措施也是影响信息披露的重要因素。例如，当董事长与总经理两职合一时，可能不利于提高信息披露质量。合理的激励制度可以促使管理层更真实、完整地披露信息，减少虚假陈述或隐瞒行为。

（4）法律法规的状态。法律法规的健全性和执行力度对公司的信息披露行为具有重要影响。完善的法律法规能够为公司提供明确的披露指引和规范，增强信息披露的透明度。同时，有效的执法能够促使公司遵守法规要求，遏制违规行为。

（5）信息中介机构。信息中介机构如会计师事务所、律师事务所、证券公司等在信息披露中发挥着重要作用。他们利用专业知识和技能对公司的财务报告进行审计、分析和评估，为投资者提供有价值的信息。中介机构的独立性和信誉对确保信息披露的真实性和准确性至关重要。

三、会计、审计信息与信息披露

信息披露是公司治理的核心，而会计与审计信息则是其基石。通过有效的信息披露，公司治理能确保信息的真实、完整和及时，同时准确的会计和审计信息也有助于提高治理效率。此举在减少信息不对称方面起到关键作用，被视为公司治理的关键因素。基于公司治理的会计信息与审计信息网络为各治理层级提供所需信息，服务于股东会、董事会、其他利益相关者及经营者层次的会计控制。该网络有助于实现所有利益相关者权益的最大化，使利益相关者更好地了解公司的经营、财务和未来前景，做出明智决策。同时，准确的会计信息也有助于加强公司内部监控和管理，确保公司的健康和稳定发展。因此，会计信息披露不仅是公司治理的重要部分，也是保障利益相关者权益的关键手段。

我国公司信息披露存在诸多问题，如会计信息失真、缺乏规范性等，与发达国家相比问题较为严重，主要原因在于国有和家族股权结构、内部治理机制不合理、证券市场不健全以及监管力度不够。为确保企业财务信息的及时、准确和可靠，学者们提出了一些解决方案，包括采用权责发生制、经理人员编制并负责财务报告、用会计惯例弥补经理人员的乐观倾向。同时，强化自愿信息披露和强制性信息披露机制，围绕利益相关者信息权制度和信息报告制度的建设，形成通畅的信息搜集、分析、传递和披露的通道。此外，应重视社会信息化导致的公司信息披露机制的变化，充分利用互联网构建新机制，推动公司治理创新。

第三节　控制权市场机制与公司治理

一、并购与控制权

并购和代理权争夺作为公司控制权市场中的重要运作机制，对公司治理产生了深远的影响。这两种外部控制机制通过不同的方式促进公司治理的完善，但同时也存在一定的局限性和挑战性。

（一）公司并购与接管

1. 公司并购

公司并购包括合并与收购两种行为。合并是两个公司合并为新公司，前两个公司法人资格消失，新公司利用共同资源实现共同目标；而收购是一家公司购买其他公司所有者的资产或股份，被收购公司股东不再是所有者。并购有横向、纵向和混合三种类型，也可分为善意和敌意两类。并购实质是通过控制权争夺提高资产经营效率，使控制权转移，使目标公司失去管理层控制权。会计处理方式、付款方式、目标公司董事会和双方股东作用等方面存在差异，体现了这两类公司行为的特性和操作方式的不同。在实际操作中，公司应根据自身情况和战略目标选择合适的并购方式，遵循相关法律法规和会计准则的要求进行会计处理和交易安排。

2. 接管防御

当公司被确定为并购对象时，管理层和董事会往往会采取防御措施来应对敌意收购。这些防御策略包括资产或所有权重组以及使用"毒丸条款"。

在资产或所有权重组中，公司会以低价发售大量股份，这增加了收购者的成本，可能导致收购者放弃收购计划。这种策略的目的是使原公司的管理层和董事会能够继续保持其职位，防止敌意收购的影响。

"毒丸计划"是一种由董事会投票同意发行的特殊股票计划。与其他的防御接管行为不同，这种计划不需要经过股东的批准即可启动。威斯通等人在1990年归纳了五种毒丸权利计划，包括原始或优先股计划、翻反计划、所有权翻正计划、后期权计划和表决计划。这些计划的目的是降低公司的吸引力，使收购者难以获得足够的股份或控制权。

除了毒丸计划和资产重组外，还有其他防御措施可供公司选择。例如发行特殊证券，差别投票权和焦土政策。差别投票权给予持有特殊证券的投资者额外的权利，使最近购买公司大量股份的收购者只拥有小部分投票权。焦土政策则是公司有意降低自身的企业价值，从而降低对所有股东的价值。这种策略可能会导致公司失去一些有价值的资产或业务，但可以阻止敌意收购者的行动。

此外，还有其他措施如金降落伞和绿色邮件。金降落伞是指在经理人离开公司时给予其丰厚的退休报酬。绿色邮件则是管理层利用股东的资财贿赂敌意接管人，以诱使其终止接管行为。

然而，值得注意的是，这些防御措施可能会侵害股东的权利，不利于提高公司治理的质量。"毒丸计划"特别如此，因为委托人把公司最终的控制权交给了代理人。所以，在采取防御措施时，公司需要权衡利弊，确保其行为符合股东的最佳利益。

（二）关于公司并购的相关理论

公司治理理论对于公司并购等控制权市场机制给予了极大的关注，并形成了多种理论。这些理论为我们提供了不同的视角和观点，用以解释公司并购的动因和效果。

1. 代理、交易成本和管理主义理论

代理理论和管理主义理论是公司并购领域的重要理论。代理理论认为并购能降低代理成本，提高公司治理质量，通过并购加强股东对管理层的控制，减少代理问题。交易成本理论则认为并购能降低交易成本，提高管理效率，将市场交易转化为内部交易。管理主义理论认

为管理者有扩大规模的动机，因为其报酬与公司规模相关，而并购是快速扩大的方式。但也有学者持不同观点，认为机构股东持股降低管理层被驱赶的威胁，并购更多是优质小公司被大公司兼并，可能导致经理人"短视"，减少股东收益。综合多种理论和实证证据更全面理解并购动机和效果是必要的。

2. 效率理论

效率理论认为企业并购具有潜在的社会效益，通过降低缔约成本和代理成本，可以提高管理层的业绩并获得协同效应。差别效率理论认为并购可改善低效企业的管理，无效率的管理者理论认为并购可以替换无效率的管理者，经营协同效应理论认为并购可以实现经营上的协同效应，纯粹的多样化经营理论认为并购可以扩大企业的业务范围，提高经营效率和盈利能力。战略重组以适应变化的环境的理论认为企业需要适应外部环境的变化，提升自身的竞争力和生存能力。这些理论适用性和解释力因情境和行业而异，研究企业并购需综合考虑多种理论和实证证据。

3. 实证研究及其主要结论

实证研究方面，多种研究方法被用于探索公司并购的影响。事件研究法发现接管后目标公司股价上涨而收购方股价可能无变化或下跌，表明接管对目标公司股东有利，对收购方股东可能不利。财会研究法显示，并购能带来财务绩效改善和协同效应。管理者调查法通过问卷获得内部信息，但管理者衡量价值不限于经济价值。临床诊断法作为补充，但应用范围有限。总之，并购对目标公司股东有利，对收购方股东影响不确定。并购能改善财务绩效和带来协同效应，但存在代理问题和资源整合风险。因此，研究公司并购需综合考虑多种理论和实证证据。

二、代理权争夺、破产与控制权转移

并购和代理权争夺都是公司控制权市场的重要组成部分，它们是公司治理机制中的重要手段。并购是指公司通过购买另一家公司的全部或部分股权，从而获得该公司的控制权。并购可以用来纠正公司治理失灵，如管理层追求个人私利而损害股东利益的情况。通过并购，股东可以对管理层施加更大的控制，减少代理问题，降低代理成本。代理权争夺是指股东之间争夺公司代理权的行为。当一个或一群股东对公司管理层政策不满时，他们可以通过代理权争夺来争取进入董事会，或者为了解决某一具体的公司政策而支持大多数股东。代理权争夺是一种相对低成本的纠正公司治理失灵的手段，因为不需要像并购那样涉及大量的资金投入。此外，代理权争夺还可以促进信息的公开披露，提高公司治理的透明度。

（一）代理权争夺的公司治理效应

代理权争夺已经成为一些发达国家特别是美国公司治理的重要手段和制度。这一现象的出现，主要是因为随着公司规模的不断扩大和股权的日益分散，股东很难直接参与公司的日常管理，所以需要委托职业经理人来代为管理公司。然而，这种委托代理关系也带来了代理成本的问题，即职业经理人可能会追求个人私利而损害股东的利益。

代理权争夺成为股东惩罚未能实现公司利润最大化的管理层的最后工具。当股东对管理层的表现不满时，他们可以通过代理权争夺来争取进入董事会，或者支持其他股东的提案，以改变公司的政策和战略。这种方式可以有效地纠正公司治理失灵的问题，提高公司的治理质量。

然而，代理权争夺也存在一些令人担忧的隐患。首先，代理权争夺可能导致公司陷入内部人控制的问题，即管理层可能通过控制董事会而损害股东的利益。其次，代理权争夺也可能导致公司陷入无休止的股东纠纷和内耗，从而影响公司的经营和发展。此外，代理权争夺也可能带来信息披露不透明、股价波动等问题，从而损害股东的利益。

因此，在实践中，需要加强对代理权争夺的监管和管理，以确保其能够发挥积极的作用，并尽可能减少其带来的负面影响。这包括建立健全的公司治理机制、加强信息披露、规范股东行为等方面的措施。只有这样，才能更好地维护股东的利益，促进公司的健康发展和成长。

（二）代理权争夺成功的条件

代理权争夺在公司治理中具有积极意义，但同时也存在一些潜在的负面影响。代理权争夺成功与否取决于多种因素，包括其他股东对发起者的信任程度、实施成本的高低以及信息不对称的程度等。

挑战者需证明能力和诚信以获得支持，但需付出巨大代价。代理权的行使需征集大量股份，可能导致组织成本增加。即使挑战者获胜，改善经营绩效程度也有限。信息不对称使股东难以了解控制权收益的实际价值，影响投票决策。

随着机构投资者的崛起，他们在现代代理权争夺中的关键作用也越来越明显。机构投资者可以成为代理权争夺的重要推动力量，通过持有大量股份和参与公司治理来发挥积极作用。机构投资者的参与可以增加股东之间的互动和竞争，提高代理权争夺的效率和公正性。同时，机构投资者也可以通过其专业能力和资源支持挑战者，帮助他们更好地组织和实施代理权争夺。

然而，如何更好地发挥机构投资者的作用、降低代理成本并提高公司治理水平仍然是一个值得进一步探讨的问题。机构投资者需要建立更加透明和规范的治理机制，提高其投资决策的科学性和公正性。同时，监管机构也需要加强对机构投资者的监管和规范，防止其滥用市场地位和权力损害中小股东的利益。

（三）破产与公司相机治理机制

破产是公司治理中的一个重要外部机制。当公司陷入财务困境，破产程序启动，控制权从股东和管理层转移到债权人手中。这不仅剥夺了股东对公司的控制权，还可能使他们面临巨大的经济损失。由于债权人通常在公司出现严重问题时才介入，破产机制的效用往往是被动和滞后的。此外，债权人的相机治理作用也是有限的，因为他们在公司损失成为事实后才进行干预。

破产程序根据法律规定可以分为清算和重组两类。清算程序中，公司业务被终止，资产被出售以偿还债务；而重组程序则提供了一个机会，使公司能够调整财务要求权、改变管理结构和所有权结构，以实现持续经营。非正式的破产程序和并购市场也可以作为正式破产程序的替代选择。这些替代方式通常成本更低、速度更快，为债务人和债权人提供了更加灵活的谈判和重组机会。

然而，破产机制也存在一些局限性。首先，破产程序通常涉及复杂的法律和财务问题，需要专业人员进行操作。这增加了破产的成本和复杂性。其次，破产可能导致公司声誉受损，影响其未来经营和发展。此外，破产机制并不能完全解决公司治理问题。虽然它可以剥夺失控的股东和管理层的权力，但它无法保证公司未来的健康发展和良好治理。

三、控制权配置与公司治理

公司控制权研究在经济学领域成为热门话题，主要关注控制权的定义、成本与收益以及影响控制权私利的因素。

（一）公司控制权及其类型

控制权是公司制度的特殊产物，它既不同于所有权，也不同于经营权。这是一个含义丰富且难以捉摸的概念。由于对控制权的定义至今尚没有统一，关于控制权的认识也多种多样。

尽管"控制权"这一概念在实际应用中常常被提及，但在学术领域中，它的确切定义尚未形成统一的认识。在不同学者对控制权的阐述中，存在三种主要观点。

第一种观点，将控制权视为对公司所有可支配和利用的资源的控制和管理权利，涉及公司的生产经营和收入分配等决策权。这种观点强调了对物的控制权，即对公司内部资源的支配和管理。

第二种观点，则将控制权理解为有权选择董事会成员并决定其薪酬的权利。这种观点强调了所有者通过选择代理人来实施控制的权利，主要关注股东对经营者的选择权。在此背景下，股东通常通过选举董事会来实现其控制权。

第三种观点，由让·梯若尔提出，他指出控制权是合约一方（或由多方形成的集体）在特定情境下影响企业行动路径的权利。这种观点将控制权看作董事会的一种权力，突出了董事会决策对企业运营的影响。

尽管存在多种关于控制权的解释，但随着信息在当代社会中的重要性日益凸显，对信息的控制已成为真正拥有控制权的本质。因此，拥有对信息的控制权才是真正意义上的控制权。

自伯利和米恩斯开创性地提出分类方法以来，许多学者进一步探讨了公司控制权的各个方面。其中，让·梯若尔在 2006 年沿用了伯利和米恩斯的分类方法，并在此基础上进行了更深入的细分。他区分了形式控制权和实际控制权、一维和多维控制权以及固定控制权和状态依存控制权等不同类型。他强调了实际控制权在公司治理理论研究中的核心地位，因为形式控制权是由法律和公司章程明文规定的，而实际控制权则涉及被控制者实际掌握的控制权问题。

这些不同类型的控制权在公司治理中起着不同的作用，同时也存在一些问题。例如，如何清晰界定形式控制权和实际控制权的界限、如何确保稳定性和减少潜在的不稳定性等都是需要进一步探讨和研究的问题。

控制权的配置和运作对于公司的治理和经营至关重要，如何合理配置和平衡不同利益相关方的控制权，是公司治理中的重要问题。同时，随着公司规模和业务复杂性的增加，控制权的配置也需要更加精细化和动态化，以适应公司发展的需要。

（二）控制权的成本与收益

控制权的成本和收益是一个复杂的话题，涉及多个方面。而合理配置和平衡不同利益相关方的控制权，对于公司的治理和经营至关重要。

控制权的私人收益近年来备受各国研究者的关注，因为这种收益涉及对中小股东利益的侵占。这一领域的研究可以追溯到亚当·斯密在 1776 年的著作，伯利和米恩斯在 1932 年也提到了控制者获取的个人收益，包括将利润从母公司转入子公司、将特别有利可图的生意转给另一家公司等。这些私人收益中既有货币收益，如高额薪酬、津贴和补助，也有非货币收益，如优厚的生活福利待遇和工作条件。此外，还有学者认为控制权私人收益是无法证实的现金流。

控制权的私人收益是一个复杂且备受关注的话题，涉及多个方面。如何合理配置和平衡不同利益相关方的控制权，以实现社会福利的改善，是未来研究的重要方向。

拥有控制权的人若想无节制地获取私人收益，可能会面临自食其果的困境。事实上，控制权的私人收益受到公司内部制度和资源结构以及外部环境的制约。刘白兰、朱臻和丽江涛（2009）指出了以下三类主要影响因素。

因素一：公司的股权结构对控制权私人收益有着显著的影响。如果股权结构有助于形成有效的控制权竞争，那么股权制衡机制将更加强大，从而控制权私人收益的规模也会相应减小。

因素二：公司的经营状况也是影响控制权私人收益的关键因素。当公司经营状况良好，预期收益较高时，控制权私人收益的规模也相应较大。相反，如果公司经营状况不佳，可供控制权占有的资源规模就会受到限制。此外，公司规模的大小也与控制权私人收益的水平有关。一般来说，公司规模越大，控制权私人收益的水平也越高。但值得注意的是，规模较大的公司往往会受到社会更多的关注，从而增加了控股股东转移公司资源的难度。

因素三：公司的外部环境，特别是法治环境的好坏，对控制权私人收益的水平产生着深远的影响。如果法治环境良好，控制权私人收益的水平就会降低；反之，如果法制环境较差，控制权私人收益的水平就会相应提高。

（三）大股东控制与公司治理

大股东在公司股权结构中占据着较大的比例，他们的行为和决策对公司治理具有显著的影响。将大股东与控制权联系起来，深入分析他们在公司治理过程中的行为及其效应，有助于更好地理解公司的运营和决策机制。

1. 大股东控制及其普遍性

大股东控制的动机方面，学者们认为大股东控制的主要动机是追求自身利益最大化。他们可能通过控制公司来获取更多的资源、扩大自身权力、提高社会地位等。此外，大股东还可能利用控制权侵占中小股东的利益，以实现自身利益最大化。

大股东控制的影响方面，学者们认为大股东控制对公司治理有着显著的影响。一方面，大股东控制有助于提高公司的稳定性和经营效率。另一方面，大股东控制也可能导致公司出现内部人控制、信息披露不透明等问题。此外，大股东还可能利用控制权进行利益输送、关联交易等行为，损害公司和中小股东的利益。

大股东控制与公司治理之间的关系是一个复杂而重要的问题。未来的研究需要进一步探讨大股东控制的动机、影响因素以及如何有效监督和规范大股东行为等问题，以促进公司治理的健康发展。

2. 大股东控制行为及其效应

大股东在公司治理中扮演着重要的角色，他们既有积极的一面，也可能带来负面影响。一方面，大股东通常更加关注公司的经营绩效，他们有动机去搜集信息并监督管理层，从而减少股东"搭便车"的行为，有助于解决代理问题，降低代理成本，提高公司治理水平。此外，大股东还可能提供必要的资金支持和资源，支持公司的发展和扩张。另一方面，如果股权过度集中，大股东可能会利用其控制权为自己谋取私利，损害中小股东和其他利益相关者的利益。他们可能会通过关联交易、利益输送等方式侵占公司资产，或者通过过度投资等行为损害公司的长期发展。

一些学者还研究了"隧道效应"的问题。"隧道效应"是指大股东为了自身的利益，将公司的财产和利润转移出去的各种合法或非法的行为。这包括低价出售公司资产、向经理人员支付高额薪酬、提供贷款担保、侵占公司的发展机会等。这些行为会损害公司的价值和长期发展，降低资本市场的资源配置效率，增加信息不对称的程度，从而影响对公司的财务状况进行评价。

大股东在公司治理中的主要作用表现在五个方面。第一，他们提供资金支持，为公司的运营和发展提供必要的资金保障。第二，他们提供管理人才，通过派遣高级管理人员或提供管理经验，帮助公司提高管理水平和效率。第三，他们利用自身资源和渠道，帮助公司将产品投入市场，扩大市场份额。第四，他们通过跨境交易活动，帮助公司拓展国际业务，提高国际竞争力。第五，他们还分担或承担市场风险，如为创业者提供风险金融市场等，帮助公司降低风险。

第四节　利益相关者监督机制与公司治理

利益相关者这个概念确实比较宽泛，实际中的利益相关者更是各具特色。

一、不同类型的利益相关者的文献研究

公司利益相关者的分类是一个持续的研究话题。早期分类集中在员工、投资者和客户，但随着公司复杂性的增加，利益相关者范围也在扩大。分类方法有多种，包括多维细分法和属性法，而当前学术界根据重要性和功能将利益相关者分为四个层次或三种类型，有助于更全面地了解其在公司治理中的作用。

（一）依据与公司经济利益密切程度的划分

1. 核心的社会利益相关者

核心的社会利益相关者是指与公司有直接利益关系的群体，他们通过投资或提供稀缺资源成为公司运营的重要支柱，主要包括股东、债权人、员工、管理层、客户、批发商、零售商、供应商和其他业务伙伴。他们与公司的关系紧密，是公司成功的关键因素。

2. 支持性的社会利益相关者

支持性的社会利益相关者与公司可能没有直接的经济利益关系，但他们在某些方面对公司的运营产生影响，包括政府和管理机构、市民机构、社会压力集团（如工会）、媒体和学术评论家等具有公共利益的集团、贸易团体和竞争对手等具有私利的集团。尽管他们的利益关

系不是直接的，但他们在声誉和公众地位方面具有重要影响。

3. 核心的非社会利益相关者

核心的非社会利益相关者是指与公司有直接利益关系的自然环境和生物种类，如自然环境、人类后代和非人类物种等。这些是公司运营中必须考虑的重要因素，因为它们与公司的生存和发展密切相关。

4. 支持性的非社会利益相关者

支持性的非社会利益相关者与公司可能没有直接的经济利益关系，但他们在某些方面对公司的运营产生影响，包括环境压力集团、动物保护组织等。尽管他们的利益关系不是直接的，但他们在环保和社会责任方面对公司产生一定的影响。

总之，根据与公司经济利益关系的密切程度，我们可以将利益相关者划分为四类：核心的社会利益相关者、支持性的社会利益相关者、核心的非社会利益相关者和支持性的非社会利益相关者。这种分类方法有助于更好地理解不同利益相关者在公司运营中的角色和影响，从而更好地制定相应的策略和措施。

（二）依据利益相关者的属性及其组合的划分

在米歇尔（Mitchell）等人的研究中，利益相关者被划分为三类：影响力（power）、合法性（legitimacy）和紧迫性（urgency）。这三个维度对于理解利益相关者的特性至关重要。

影响力指的是某一利益相关者对公司的活动产生的影响力。如果某一利益相关者仅具备影响力这一属性，那么他们的特征并不明显，可能属于"潜在的利益相关者"。

合法性则是指社会对公司和利益相关者之间关系的认可程度。如果某一利益相关者仅具备合法性这一属性，他们可能被视为"可自由对待的利益相关者"。

紧迫性描述了利益相关者所处的状态以及他们的要求是否紧急。如果某一利益相关者仅具备紧迫性这一属性，他们可能属于"苛求的利益相关者"。

当某一利益相关者同时具备两个属性时，他们的特征就比较明显。例如，兼具影响力和合法性的利益相关者可以被视为"主要利益相关者"，而兼具合法性和紧迫性的利益相关者则可能被视为"依靠的利益相关者"。

如果某一利益相关者同时具备三个属性，他们无疑是公司的"决定性利益相关者"。这些利益相关者对公司的决策和运营具有决定性的影响，因此公司必须给予高度重视。

通过分析利益相关者在影响力、合法性和紧迫性这三个维度上的表现，我们可以更准确地识别和评估他们在公司中的地位和重要性。

(三)依据利益相关者的影响力的划分

核心利益相关者、战略利益相关者和环境利益相关者和股东是公司经营中重要的组成部分，他们各自扮演着不同的角色，对于公司的生存和发展都有着重要的影响。而其他利益相关者的易于识别和稳定性则是他们的重要优势。

(1)核心利益相关者(Core Stakeholders)：对公司生存具有决定性意义的利益相关者，是公司运营不可或缺的部分。

(2)战略利益相关者(Strategic Stakeholders)：对公司长期生存及在特定时期内应对一系列特殊事件至关重要的利益相关者群体，这些利益相关者对于公司的战略发展有着重要的影响。

(3)环境利益相关者(Environmental Stakeholders)：除核心和战略利益相关者之外的其他所有利益相关者，他们存在于公司的经营环境中，可能包括各种不同类型的利益相关者。

(4)股东(Shareholders)：特殊的利益相关者，与公司利益最密切相关的群体。

(5)其他利益相关者(Other Stakeholders)：通常更容易识别，他们通常集中在某个特定领域，而且相对稳定，不易受到外部因素的影响。这种易于识别性和稳定性是其他利益相关者的最大特点或优势。

二、公司制企业法人治理结构的权责关系

公司治理是现代企业制度的核心，其目标是建立科学的法人治理结构，实现企业的可持续发展。公司法作为规范公司组织和行为的法律，为公司治理提供了重要的法律依据。在国有企业中，依据公司法建立现代企业制度是改革的重要内容。大部分企业能够按照公司法的原则规定，形成各司其职、各负其责的法人治理结构。这有助于企业明确内部分工，提高决策效率和监管水平，增强企业的市场竞争力。然而，也有少部分企业存在法人治理结构的权责不明确问题，尤其是董事长和总经理及经理层的权责不明确。这可能导致权力行使混乱，影响企业的正常运营和发展。同时，部分企业也存在着忽视领导班子自身建设的问题，这在一定程度上制约了企业整体优势的发挥。为了解决这些问题，企业需要进一步明确各治理主体的权责关系，强化制度建设，规范权力运行机制。同时，企业应重视领导班子建设，提高领导者的素质和能力，以更好地发挥企业整体优势。

（一）董事会及董事长的职权

1. 董事会是公司的决策机构

在公司治理中，董事会作为决策机构发挥着核心作用。在公司法及公司章程的框架下，董事会负责审议和决定公司生产经营或改革发展方面的重大事项。这些事项的提出和决策过程遵循集体负责制，确保了决策的科学性和公正性。

重要事项的提出可以有多种来源：总经理可以根据实际生产经营或改革发展的需要提出方案；董事长可以基于调研、思考、研究的成果提出方案；其他董事也可以根据自己的工作实践或调研、思考、研究的成果向董事长或董事会提出建议方案。这些方案经过充分酝酿讨论后，由董事长或总经理提交董事会会议进行讨论和表决。

在董事会会议上，每位董事的权利是完全平等的，没有特权。董事会会议在充分酝酿讨论的基础上进行表决，遵循少数服从多数的原则。这种决策机制有助于确保董事会的决策能够代表大多数董事的意见，同时也能够避免个人或少数人的决策偏见。

2. 董事长是董事会会议的召集人

董事长在董事会中扮演着重要的角色，他作为董事会会议的召集人和主持人，是董事会的代表。依据公司章程，董事长应履行相应的职权，并对公司的发展方向和重大战略问题给予关注和思考。

在正常情况下，董事长不能擅自对重要事项作出决定，必须经过董事会的集体决策。对于大额度资金使用等重要事项的审批，也需要依据公司章程赋予的权限和董事会的决定。这是为了确保决策的科学性和公正性，维护公司的长期利益和稳定发展。

尽管公司法对董事长职权有原则性的界定，但这并不意味着董事长无所事事。相反，董事长应该把更多的精力用于思考和研究公司改革发展的重大战略问题，把握公司的发展方向和机遇。

（二）总经理的职权与经理层组成人员的关系

1. 公司制企业实行董事会领导下的总经理负责制

这一制度明确了董事会和总经理之间的职责分工。总经理由董事会聘任，对董事会负责，负责公司的日常生产经营管理工作。总经理需按照公司法及公司章程赋予的职权开展工作，并组织贯彻落实董事会的各项决定。

对于超出总经理权限的重要问题，他不能擅自进行处理。相反，总经理应及时向董事长反映这些问题，并提交董事会会议进行研究和决定。在得到董事会的决策后，总经理再负责组织实施。

这种制度安排有助于确保公司决策的科学性和公正性，维护公司的长期利益和稳定发展。通过明确职责分工和权力制约机制，可以避免个人或少数人的决策偏见，提高公司的运营效率和竞争力。

2. 经理层中总经理实行首长负责制

拥有较大的决策权和管理权。副总经理和三总师（总会计师、总工程师、总经济师）作为总经理的下属，根据总经理的提名由董事会聘任，并接受总经理的工作分工和安排。他们与总经理之间的关系是典型的被领导与领导的关系，需要按照总经理的工作目标和要求开展工作，并向总经理负责。

这种层级关系和职责分工有助于提高公司的管理效率和决策执行力。总经理作为首长，负责制定公司的整体战略和目标，并协调各部门的工作。副总经理和三总师在各自的领域内协助总经理开展工作，确保公司运营的顺利进行。这种组织结构有助于明确职责分工，避免权力交叉和重叠，提高公司的运营效率和竞争力。同时，也有助于维护公司的长期利益和稳定发展。

（三）董事长与总经理及经理层组成人员的关系

1. 现代企业制度法人治理结构的领导体制设计具有科学性

首先，它通过董事会这一集体决策机构，集中多人的智慧和意见，避免了个人决策的片面性和局限性。董事会依法由数人组成，并按照少数服从多数的原则对重要事项进行决策。这种集体决策的形式有助于提高决策的科学性和公正性。

其次，这种领导体制注重发挥总经理作为经营管理专家的作用。总经理依据公司章程赋予的职权主持公司的日常生产经营管理工作，对董事会这一集体负责。这种分工负责与集体领导相结合的方式，既保证了总经理在经营管理方面的自主权，又确保了其工作受到董事会的监督和约束。

最后，该领导体制还注重权力制衡。对总经理的权力通过董事会进行约束和制衡，以避免个人决策失误给公司造成损失。这种制衡机制有助于维护公司的长期利益和稳定发展。

2. 领导体制是建立在董事会集体领导下的总经理负责制基础上的

这种制度设计明确了董事长与总经理之间的关系并非简单的领导与被领导关系，而是一种更为复杂且需要密切沟通配合的工作关系。在这种体制下，董事长负责召集和主持董事会会议，制定公司的重大战略和决策，而总经理则负责具体的执行和实施工作。因此，二者之间需要保持密切的工作沟通和协调，以确保公司的决策能够得到有效执行。

同时，董事长与副总经理、三总师之间也不存在直接的领导和被领导关系。董事长不能越过总经理直接指挥调度副总经理、三总师，但可以了解他们的工作情况。同样地，副总经理、三总师也不能越过总经理直接向董事长汇报工作，但可以向董事长反映有关情况。这种层级分明、职责明确的组织结构有助于维护公司的稳定运营和长期发展。各层级之间通过有效的沟通和协调，共同推动公司的各项工作顺利开展。

3. 日常运营中董事长的角色是制定和决策公司的重大战略问题

日常运营中董事长的角色是制定和决策公司的重大战略问题，而非直接参与日常的生产经营管理。一般情况下，董事长不会越过总经理直接指挥公司的日常生产经营管理工作。

对于副总经理、三总师以及基层单位反映的一般问题，或者通过调研了解到的普通问题，董事长会与总经理进行沟通。这种沟通是为了确保问题的准确性和决策的合理性。在沟通后，由总经理负责处理这些问题，确保公司的日常运营顺利进行。

然而，当面对超出总经理权限的重要问题时，董事长应提交董事会会议进行研究和决策。董事会会议是一个集体决策的平台，能够代表公司整体利益和长远发展。在董事会会议上，对重要问题进行充分讨论和表决，以少数服从多数的原则作出决策。随后，由总经理负责组织贯彻实施这些决策，确保公司的稳定和持续发展。这种层级分明、职责明确的组织结构有助于维护公司的稳定运营和长期发展。各层级之间通过有效的沟通和协调，共同推动公司的各项工作顺利开展。

（四）着力加强领导班子建设是落实法人治理结构权责的组织保证

公司制企业法人治理结构的权责设计从制度角度来讲是科学严谨且明确的。然而，这种制度的有效实施离不开实际执行者的能力和行为。董事会、经理层和监事会作为决策、执行和监督的核心机构，其成员的个体行为和集体协作都对公司的发展产生重要影响。

为了确保公司制企业法人治理结构的权责得到真正落实，企业党组织可以发挥其政治优势，着力加强企业领导班子建设。党组织在企业中通常具有深厚的群众基础和组织优势，可以通过多种方式如思想教育、组织培训等，提高领导班子的思想政治素质、业务能力和团队协作精神。

通过加强领导班子建设，可以促进企业领导成员之间的理解和配合，增强其责任心和使命感，使他们更好地履行各自的职责。同时，党组织还可以发挥监督作用，对企业领导班子的行为进行监督和指导，确保其决策和行为符合公司的发展目标和利益。

因此，企业党组织在落实公司制企业法人治理结构的权责方面具有重要作用。通过加强领导班子建设，可以提高企业领导成员的个体素质和集体协作能力，从而更好地实现公司的发展目标。

三、从独立董事制度看我国公司治理的完善

独立董事制度在我国公司治理中发挥了积极的作用。一方面，独立董事能够为公司提供专业、独立的意见和建议，帮助公司做出更加科学、合理的决策。另一方面，独立董事能够监督和制约内部人权力，防止权力滥用和利益输送，保护中小股东的合法权益。同时，独立董事制度的实施也有助于提高公司的透明度和公信力，增强投资者对公司的信任和信心。然而，尽管独立董事制度在我国得到了广泛应用，但其存在的问题也不容忽视。例如，有些公司的独立董事缺乏足够的独立性和专业性，存在"人情董事"的情况；有些公司的独立董事制度形同虚设，没有真正发挥其作用。因此，我们需要进一步完善独立董事制度的相关法律法规和监管机制，提高独立董事的独立性和专业性，强化其职责和权利，确保其真正发挥在公司治理中的作用。

为了更好地发挥独立董事的作用，需要从多个方面入手，包括完善法律制度、建立有效可行的激励制度、明确责任制度以及构建与监事会的协调机制等。只有这样，才能真正实现独立董事在公司治理中的价值，推动我国公司治理结构的不断完善和发展。

（一）独立董事制度的概述

1. 独立董事制度在我国的引入和发展

我国引入独立董事制度的过程与背景密切相关。随着我国市场经济的发展和企业改革的深入，公司治理结构的问题逐渐凸显。特别是"一股独大"的股权结构导致大股东容易对中小股东权益的侵犯，而内部人控制的问题也经常发生，这些都不利于企业的健康发展。为了解决这些问题，我国开始借鉴国际经验，引入独立董事制度。

2001年，中国证监会发布了《关于在上市公司建立独立董事制度

的指导意见》，明确规定了上市公司必须建立独立董事制度，并对其职责、权利和义务进行了明确的规定。这一文件的发布标志着独立董事制度在中国上市公司中的正式实施。

随着时间的推移，独立董事制度在中国得到了广泛的推广和应用。越来越多的上市公司设立了独立董事，并积极发挥其作用。独立董事在监督公司运作、保护中小投资者利益、提高公司治理水平等方面发挥了重要作用。然而，在实践中，也出现了一些问题。例如，有些独立董事缺乏足够的独立性和专业性，存在"人情董事"的情况；有些公司的独立董事制度形同虚设，没有真正发挥其作用。因此，中国政府和监管机构也在不断完善相关法律法规和监管机制，提高独立董事的独立性和专业性，强化其职责和权利，确保其真正发挥在公司治理中的作用。

总体来说，独立董事制度在我国得到了广泛的推广和应用，对于完善公司治理结构、提高企业治理水平起到了重要的作用。未来，我国将继续加强独立董事制度的实施和监管，推动公司治理的不断完善和发展。

2. 独立董事制度的出现和发展

独立董事制度的出现可以追溯到 20 世纪 70 年代的美国。当时，随着企业规模的扩大和业务复杂性的增加，许多公司开始面临内部人控制和股东权益被侵犯的问题。为了解决这些问题，一些公司开始引入独立董事制度，以增强董事会的独立性和公正性。独立董事制度很快在全世界范围内得到广泛接受和应用，成为公司治理的重要组成部分。中国证监会于 2001 年发布《关于在上市公司建立独立董事制度的指导意见》，要求上市公司必须建立独立董事制度，并明确了独立董事的职责和权利。此后，独立董事制度在我国得到了广泛应用和推广，成为完善公司治理结构、提高企业治理水平的重要手段之一。

3. 独立董事在公司治理中的作用

独立董事在公司治理中扮演着重要的角色。首先，独立董事可以提供独立的判断和意见，帮助董事会做出更加科学、合理的决策。他们不参与公司的日常管理活动，因此能够以更加客观、公正的立场对公司的重大决策进行评估和监督。其次，独立董事能够监督和制约内部人权力，防止权力滥用和利益输送。他们代表股东的利益，尤其是中小股东的利益，能够对公司的重要决策进行审查和监督，确保公司的决策符合股东的利益。此外，独立董事还可以提高公司的透明度和公信力。他们参与董事会决策和监督工作，能够增加公司的透明度，提高公司的公信力，增强投资者对公司的信任和信心。

（二）独立董事在我国推行的原因及实施效果

由于历史和外部环境的原因，我国上市公司的治理结构存在明显的缺陷，这也正是独立董事在我国得以引入和实施的重要原因。

（1）一股独大的股权结构。在我国，高度集中的股权结构是一个普遍现象。国有股东代表国家管理资产，但由于主体缺位，一股独大的股权结构很容易导致内部人控制。这种内部人控制不仅损害了国家、企业，也损害了中小股东的利益。这是引入独立董事的制度性障碍之一。

（2）内部人控制问题。由于缺乏完善的外部市场监控机制，内部人往往充当董事会的角色。我国的资本市场和经理人市场都不够健全，这制约了独立董事制度功能的发挥。在这种情况下，独立董事的引入和实施对于制衡内部人权力、保护公司和中小股东的利益变得尤为重要。

（3）监事会形同虚设。在我国上市公司中，监事大多来自公司内部，部分监事受制于公司的管理层。这种紧密的利益关系使得监事很难保持独立性。因此，独立董事的引入也有助于弥补监事会的不足，加强对公司运作的监督。

尽管独立董事制度在我国的实施仍面临诸多挑战，如独立董事不独立、充当顾问角色、缺乏相关专业知识等，但其对维护公司整体利益、规范公司运作以及保护中小股东权益的作用不容忽视。为了促进独立董事制度的发展和完善，需要创造一个良好的环境，包括加强法律法规建设、完善市场机制、提高独立董事的独立性和专业性等。只有这样，独立董事制度才能在我国得到更好的发展，并在公司治理中发挥更大的作用。

第四章

公司治理模式

公司治理模式是指公司治理结构和治理机制的总体框架和基本形式。不同国家和地区的公司治理模式因其历史、文化、法律法规和市场环境等因素而有所不同。我国常见的公司治理模式主要有外部控制主导型公司治理模式、内部控制主导型公司治理模式、家族控制型治理模式、内部人控制型治理模式，本章将对其分别进行详述。

第一节　外部控制主导型公司治理模式

外部控制主导型公司治理模式又称市场导向型公司治理模式，是指外部市场在公司治理中起着主要作用。虽然该种模式中董事会作为公司治理的核心同样兼有决策和监督双重职能，非执行董事也承担一定的监督职能，但这种治理主要是以大型流通性资本市场为基本特征，公司大多在股票交易所上市。具体存在的外部环境是：非常发达的金融市场、股份所有权广泛分散的开放型公司、活跃的公司控制权市场。在这些外部条件确立的情况下，公司控制权的竞争在股票市场上是相当普遍的现象。公司经营者的业绩大幅下降，公司股票价格就会随之下跌，当实力集团认为有利可图时，就会出现股票市场上的收购现象，持股比例的变化带来公司控制主体的变化，公司股东和高层管理人员的地位也会随之改变，这种约束和激励的形式被称为接管机制。这种机制是来自外部的对公司经营者约束和激励的核心。

在这种模式下，公司的目标主要是满足外部利益相关者的利益要求，如股价、股东回报等。在实际运作中，外部控制主导型公司治理模式可能会导致一些问题，如过于关注短期利益，忽视公司的长期发展；过于依赖外部控制，忽视内部管理；以及外部利益相关者之间的利益冲突等。不过，外部控制主导型公司治理模式也有其优点，如能有效防止内部人控制，保护股东利益；能提高公司的透明度和责任感；以及有利于公司的规范运作等。

一、外部控制主导型公司治理的定义与特征

外部控制主导型公司治理是一种以外部控制为主导的公司治理模式，其特点是公司治理过程中，外部控制机构的控制权和管理权起着主导作用，而非由公司内部管理层或董事会行使。

这种治理模式的主要特征是外部控制机构的控制权和决策权比内部管理层或董事会更高，能够对公司的经营决策、财务状况、内部管理等方面进行监督和控制。外部控制机构可以是股东大会、监管机构、审计机构、咨询公司等，其职责包括但不限于以下几项。

（1）监督公司内部管理层的决策和行为，确保其符合法律法规和公司章程的规定。

（2）审核公司的财务报告和内部控制制度，确保其真实、准确、完整、合规。

（3）对公司的经营行为和风险进行评估，并提出改进意见和建议。

（4）参与公司的战略规划和决策，为公司提供专业咨询和建议。

外部控制主导型公司治理的主要优点在于，它能够确保公司的透明度和合法性，因为外部利益相关者通常具有更多的信息和资源，能够更好地监督公司的管理和决策。外部控制主导型公司治理还能够确保公司的财务稳健性和风险控制，因为外部利益相关者通常更加关注公司的财务状况和风险管理。

外部控制主导型公司治理也存在一些缺点。首先，它可能会削弱公司的内部管理和决策能力，因为外部利益相关者可能会过度干预公

司的内部事务，导致公司决策缓慢、效率低下。其次，外部控制主导型公司治理可能会增加公司的成本和复杂性，因为公司需要与外部利益相关者进行更多的沟通和协调。同时，外部控制主导型公司治理可能会削弱公司的创新能力和灵活性，因为外部利益相关者可能会限制公司的决策和行动，使其难以适应市场变化和竞争压力。

二、外部控制主导型公司治理在行业中的应用

金融行业是应用外部控制主导型公司治理最为广泛和典型的行业之一。金融行业中涉及的风险非常高，如信用风险、市场风险和操作风险等。为了确保金融机构的稳健运营和防范潜在风险，监管机构通常会要求金融机构引入外部审计、风险管理和监管咨询等外部机构来对公司的运营进行监督和管理。例如，中国银行保险监督管理委员会和证监会等金融监管机构，要求银行和证券公司必须引入外部审计机构来对公司的财务报表进行审计，以确保公司的财务报告真实可靠。

科技行业也是应用外部控制主导型公司治理较为广泛的行业之一。科技公司的产品和技术更新换代速度非常快，市场竞争也非常激烈。为了确保公司的技术创新和市场竞争力，许多科技公司会选择引入外部创新咨询机构来帮助公司进行战略规划和产品研发。例如，谷歌和微软等科技公司都会定期邀请外部创新咨询机构来对公司的技术创新和市场竞争力进行评估，并提出相应的建议和解决方案。

医疗行业也是应用外部控制主导型公司治理较为广泛的行业之一。医疗行业的专业性非常强，需要高度的医疗知识和技能。为了确保医疗机构的医疗质量和患者安全，监管机构通常会要求医疗机构引入外部医疗咨询机构，对医疗机构的医疗质量和患者安全进行评估和管理。例如，我国卫生部门要求医院必须引入第三方医疗评估机构来对医院的医疗质量和患者安全进行评估和管理。

制造业也是应用外部控制主导型公司治理较为广泛的行业之一。制造业的产品质量和生产效率直接关系到公司的竞争力和市场份额。为了确保公司的产品质量和生产效率，许多制造业公司会选择引入外部质量管理和生产效率咨询机构来对公司的运营进行监督和管理。例如，我国的一些大型制造业公司，会选择引入第三方质量管理和生产效率咨询机构对公司的运营进行评估和管理。

三、外部控制主导型公司治理的运作机制与实施策略

（一）外部控制主导型公司治理的运作机制

外部控制主导型公司治理的运作机制是一种以外部控制为主导的公司治理模式，主要依靠外部监管机构、股东、审计师等对公司的监督和控制，以保证公司的合规性和稳健性。外部控制主导型公司治理的运作机制，包括内部控制和风险管理等方面。

1. 内部控制

内部控制是公司治理中的重要组成部分，是指公司内部建立的一套制度、流程和控制措施，旨在确保公司财务报告的准确性、合规性和透明度，防止内部欺诈、舞弊和违法行为。在内部控制主导型公司治理的运作机制中，内部控制是公司治理的基础和核心。具体来说，内部控制主要包括以下几个方面。

（1）内部控制环境，包括公司的组织结构、文化、道德标准等，这些因素会影响内部控制的实施和有效性。

（2）内部控制活动，包括内部审计、风险评估、会计核算、内部报告等，这些活动旨在确保公司的财务报告准确、完整、及时、透明。

（3）内部控制监督，包括内部审计、监事会、独立董事等，这些监督机构可以对公司的内部控制进行定期检查和评估，以确保其有效性和合规性。

2. 风险管理

风险管理是公司治理中的另一个重要组成部分，是指公司对内外部风险进行识别、评估、控制和监测的过程，以降低风险对公司的影响和损失。在内部控制主导型公司治理的运作机制中，风险管理是保证公司稳健性和可持续性的关键。具体来说，风险管理主要包括以下几个方面。

（1）风险识别。识别公司内外部的风险，如市场风险、信用风险、流动性风险、操作风险等。

（2）风险评估。对识别出的风险进行定性和定量分析，评估其发生概率和影响程度。

（3）风险控制。制定相应的风险控制措施，如风险分散、风险对冲、风险转移等。

（4）风险监测。对已识别和评估的风险进行持续监测和跟踪，及时采取应对措施，以降低风险对公司的影响。

（二）实施外部控制主导型公司治理的策略与方法

1. 建立完善的外部控制制度

制度建设是实施外部控制主导型公司治理的基础。公司需要制定一系列内部控制制度，包括风险评估制度、内部审计制度、信息披露制度等。这些制度应当覆盖公司的各个领域，包括财务、人力资源、市场营销等。同时，这些制度应当明确具体、易于操作，以确保制度的有效性和可行性。

2. 加强外部控制人员的培训

外部控制人员是实施外部控制主导型公司治理的关键。公司需要加强对外部控制人员的培训，提高其专业素质和技能水平。培训内容应当包括外部控制的基本概念、方法、技巧和工具等，同时应当注重实际操作能力的培养，以提高外部控制人员的实际操作能力和应变能力。

3. 建立有效的信息披露机制

信息披露是实施外部控制主导型公司治理的重要手段。公司需要建立有效的信息披露机制，包括定期披露财务报表、重大事项公告、内部审计报告等。这些信息披露应当及时、准确、完整，以确保投资者和其他利益相关者的知情权和监督权得到保障。

4. 加强外部控制与内部控制的协同

外部控制和内部控制是相辅相成的，公司需要加强外部控制与内部控制的协同。具体来说，公司需要建立有效的信息共享机制，以确保内部控制和外部控制的信息能够及时、准确地共享和传递。同时，公司还需要加强内部控制和外部控制的协调，以确保两者能够相互补充和促进。

5.加强外部控制与内部控制的监督和评估

外部控制和内部控制都需要定期进行监督和评估，以确保其有效性和可行性。监督和评估应当包括对内部控制和外部控制的实施情况进行检查和评估，以及对存在的问题进行及时纠正和改进。

四、外部控制主导型公司治理的监管与风险管理

（一）外部控制主导型公司治理的监管要求与政策

下面从法律法规和监管机构两个方面，详细介绍外部控制主导型公司治理的监管要求和政策。

首先，从法律法规方面来看，《中华人民共和国公司法》《中华人民共和国证券法》《中华人民共和国企业破产法》等法律法规，对外部控制主导型公司治理的监管要求作出了明确规定。例如，公司法规定了公司治理的基本原则、组织结构和决策程序，要求公司建立健全内部控制制度，防止内部操纵和舞弊行为的发生；证券法规定了上市公司必须公开披露的信息，要求公司加强信息披露的透明度和真实性，以防止虚假陈述和误导投资者的行为；企业破产法规定了企业破产的条件和程序，要求公司加强风险管理和内部控制，防止破产风险的发生。

其次，从监管机构方面来看，我国成立了多个监管机构来加强对外部控制主导型公司治理的监管。例如，中国证监会在上市公司监管方面扮演着重要角色，负责审核和监督上市公司的信息披露、财务报告、股权结构等事项，确保上市公司合规运作；中国保监会负责监管保险公司的经营管理，要求保险公司加强风险管理和内部控制，防止保险风险的发生；中国银监会负责监管银行金融机构的经营管理，要求银行机构加强风险管理和内部控制，防止金融风险的发生。

（二）外部控制主导型公司治理的风险管理

外部控制主导型公司治理是一种以外部机构为主导的公司治理模式，其公司的内部控制和风险管理主要依赖外部机构，如审计机构、咨询机构等。这种治理模式有其优点，如能够有效地监督和控制公司的风险，但同时也存在一些风险。

风险识别是风险管理的第一步，外部控制主导型公司治理同样需要进行风险识别。在风险识别的过程中，需要考虑各种可能的风险，如市场风险、信用风险、流动性风险等。这些风险可能来自内部，也可能来自外部，需要进行全面的评估和分析。例如，市场风险可能来自市场的波动性，信用风险可能来自客户的信用状况，流动性风险可能来自资产负债表的流动性状况等。因此，在风险识别的过程中，需要对公司的内部和外部环境进行全面评估，以确定可能的风险和潜在的风险。

在风险控制方面，外部控制主导型公司治理需要依靠外部机构来实施风险控制。这些机构通常具有专业的风险管理知识和技能，能够提供全面的风险控制方案。例如，审计机构可以对公司的财务报表进行审计，以确保其真实性和准确性；咨询机构可以提供有关风险管理的建议和指导，以帮助公司制定和实施有效的风险控制措施。同时，外部控制主导型公司治理还需要建立内部控制体系，以确保公司的内部控制得到有效的执行。公司可以建立内部审计部门，对公司的内部控制进行监督和检查，以确保其得到有效的执行。

外部控制主导型公司治理的风险管理，需要对外部机构和内部控制进行全面评估和实施。在风险识别方面，需要对公司的内部和外部环境进行全面评估，以确定可能的风险和潜在的风险。在风险控制方面，需要依靠外部机构来实施风险控制，并建立内部控制体系，以确保公司的内部控制得到有效的执行。只有这样，才能有效地控制公司的风险，并确保公司的稳健运营。

（三）外部控制主导型公司治理的合规与审计

在现代企业治理中，外部控制主导型公司治理模式越来越受到重视。这种治理模式强调外部审计机构在公司治理中的重要作用，通过外部审计机构对公司的财务报告、内部控制和风险管理等进行独立、客观的评估和审计，从而确保公司的合规性和透明度。

外部控制主导型公司治理的合规与审计是指在公司治理中，外部审计机构通过审计和评估公司的财务报告、内部控制和风险管理等方面，确保公司合规性的一种治理模式。这种模式强调公司应该建立完善的内部控制体系，同时加强对外部审计机构的依赖，以确保公司的财务报告和内部控制的准确性和完整性。

外部审计机构在公司治理中扮演着重要的角色。首先，外部审计机构可以对公司的财务报告进行独立、客观的审计。其次，外部审计机构可以对企业的合规性进行评估和审计，确保企业遵守相关法律法规和行业标准。

第二节　内部控制主导型公司治理模式

内部控制主导型公司治理模式又称为网络导向型公司治理模式，是指股东（法人股东）、银行（一般也是股东）和内部经理人员在公司治理中起着主要作用，资本流通性相对较弱，外部证券市场并不十分活跃。金融机构及个人通过给公司巨额贷款或持有公司巨额股份而对公司及代理人进行实际控制，依其对公司的长期贷款与直接持股而实现对公司重大决策的参与，使公司及代理人决策受到其支配。

一、内部控制主导型公司治理模式的基本理念

（一）内部控制主导型公司治理模式的核心

内部控制主导型公司治理模式是一种注重内部控制和内部管理的公司治理模式，其核心包括诚信、责任、透明和创新。这些价值观在内部控制主导型公司治理模式中扮演着重要的角色。

（1）诚信是内部控制主导型公司治理模式的核心之一。在内部控制主导型公司治理模式中，公司需要遵循诚实守信的原则，保持良好的商业道德和职业操守，同时保证信息的真实性和透明度，确保公司的决策和行为符合法律法规和道德标准。

（2）责任是内部控制主导型公司治理模式的核心之一。在内部控制主导型公司治理模式中，公司需要建立明确的责任制度和内部控制机制，以确保每个人都能对自己的行为和决策负责，同时保证公司的决策和管理层能够承担相应的责任和后果。

（3）透明是内部控制主导型公司治理模式的核心之一。在内部控制主导型公司治理模式中，公司需要保证信息的公开和透明，包括公司的财务状况、业务运作、决策过程和风险管理等，以便外部利益相关者和社会公众能够监督公司的运作和决策。

（4）创新是内部控制主导型公司治理模式的核心之一。在内部控制主导型公司治理模式中，公司需要鼓励创新和创业精神，不断探索新的商业模式、管理方法和科技应用，以提高公司的竞争力和创新能力。

（二）内部控制主导型公司治理模式的目标与原则

内部控制主导型公司治理模式是一种以内部控制为核心的公司治理模式，旨在提高公司治理效率和透明度，降低公司经营风险，保护投资者权益，促进公司的持续发展。这种模式的目标和原则如下。

1. 内部控制主导型公司治理模式的目标

内部控制主导型公司治理模式的目标是确保公司的财务报告和业

务活动是准确、完整、真实和可靠的，并且能够及时识别和纠正任何潜在的风险和错误。这种模式旨在确保公司的决策过程是透明、公正和负责的，并且能够保护投资者的权益。

2. 内部控制主导型公司治理模式的原则

内部控制主导型公司治理模式的原则包括以下几项。

（1）内部控制是公司治理的基础。内部控制是确保公司财务报告和业务活动准确、完整、真实和可靠的关键。因此，公司必须建立有效的内部控制体系，确保其得到充分的执行和监督。

（2）决策过程应该透明、公正和负责。公司必须建立透明的决策过程，确保所有决策都得到充分的考虑和审查，并且所有决策都由负责的决策者做出。

（3）投资者权益应该得到保护。公司必须采取措施保护投资者的权益，如建立有效的风险管理机制，以确保公司财务报告和业务活动的准确、完整、真实和可靠。

（4）公司应该持续改进。公司必须不断改进其内部控制和决策过程，以确保其能够适应不断变化的市场环境和公司内部情况。

二、内部控制主导型公司治理模式的组织架构

（一）公司治理结构概述

公司治理结构是企业管理中的重要组成部分，它旨在确保企业的长期稳定发展和股东的利益最大化。

公司治理结构包括董事会、监事会、高级管理层和内部控制部门等。其中，董事会是企业的最高决策机构，负责制定企业的战略和决策，并监督高级管理层的执行情况。监事会是企业的监督机构，负责监督董事会和高管层的运作，确保企业的合规性和透明度。高级管理层是企业的执行机构，负责实施董事会和监事会的决策，并管理企业的日常运营。内部控制部门是企业的风险管理机构，负责制定企业的内部控制制度和流程，并监督执行情况，以防范和控制企业的风险。

董事会、监事会、高级管理层和内部控制部门等各个机构之间相

互独立，但同时也相互协作，共同维护企业的利益和声誉。董事会负责制定企业的战略和决策，监事会负责监督董事会和高管层的运作，高级管理层负责实施董事会和监事会的决策，内部控制部门负责制定企业的内部控制制度和流程，并监督执行情况。这些机构之间需要保持良好的沟通和协作，以确保企业的长期稳定发展和股东的利益最大化。

公司治理结构的作用在于维护企业的稳定和透明度，保护股东的权益，防范和控制企业的风险，提高企业的管理效率和竞争力。通过建立完善的治理结构，企业可以制定明确的战略和决策，确保企业的长期稳定发展；通过监督和制约高管层的行为，企业可以防范和控制企业的风险，提高企业的管理效率和竞争力。

（二）董事会与监事会的职责与权力

董事会和监事会是公司治理结构中的两个重要组成部分，它们分别负责公司的经营管理和监督公司的经营管理活动。下面将详细论述董事会和监事会的职责与权力。

董事会是公司的决策机构，负责制定公司的经营方针、战略和计划，并监督公司的经营管理活动。董事会的职责和权力包括但不限于以下几个方面。

（1）制订公司的经营方针、战略和计划。董事会需要根据公司的实际情况，结合市场趋势和竞争态势，制订出适合公司的经营方针、战略和计划，并将其作为公司长期发展的指导方针。

（2）选举和更换公司的高级管理人员。董事会需要选举和更换公司的高级管理人员，如总经理、副总经理、财务总监等，以确保公司的高效运作和良好的管理。

（3）审批公司的重大决策和事项。董事会需要审批公司的重大决策和事项，如投资、并购、股权转让等，以确保公司的决策符合公司的利益和战略目标。

（4）监督公司的经营管理活动。董事会需要监督公司的经营管理活动，如财务状况、经营风险、内部控制等，以确保公司的正常运作和合规经营。

监事会是公司的监督机构，负责监督公司的经营管理活动，确保公司的决策和经营活动符合法律法规和公司章程的规定，并保护公司和股东的利益。监事的职责和权力包括但不限于以下几个方面。

（1）监督公司的经营管理活动。监事会需要监督公司的经营管理活动，如财务状况、经营风险、内部控制等，以确保公司的正常运作和合规经营。

（2）检查公司的财务报告和会计账目。监事会需要检查公司的财务报告和会计账目，确保公司的财务状况真实、准确、完整。

（3）检查公司的内部控制制度。监事会需要检查公司的内部控制制度，确保公司的内部控制体系健全、有效。

（4）检查公司的股东大会和董事会会议。监事会需要检查公司的股东大会和董事会会议，确保公司的决策程序合法、合规。

（三）高级管理层的职责与权力

高级管理层是公司中负责日常经营管理活动的人员，其职责和权力是非常重要的。高级管理层需要对公司的整体运营负责，确保公司能够实现其战略目标并取得成功。

高级管理层的职责包括制订和实施公司的战略计划、监控和调整公司的运营计划、监督和指导公司的员工，以及管理公司的财务和资源。高级管理层需要具备深入的行业知识和经验，了解市场趋势和竞争对手的情况，并制定相应的战略计划。

高级管理层的权力也非常重要。他们需要有权力和责任来推动公司的运营和发展，包括制定和执行预算，管理公司的财务和资源，以及与董事会和股东沟通。高级管理层需要做出决策，并有能力采取行动来实现公司的目标。

高级管理层还需要具备领导力，带领公司团队取得成功。他们需要激励和指导员工，并建立有效的沟通渠道。高级管理层需要与员工建立良好的关系，并与他们合作来实现公司的目标。

（四）内部控制部门的设置与职责

内部控制部门是公司内部控制制度的制定者和执行者，其职责至关重要。我们需要对内部控制部门的设置和职责进行详细规划和设计，以确保公司内部控制制度的有效性和实用性。

首先，需要明确内部控制部门的职责。内部控制部门是公司内部控制制度的制定者和执行者，其主要职责包括制定公司的内部控制制度、监督和评估内部控制制度的执行情况、对公司内部控制制度的完善提出建议和意见、对违反内部控制制度的行为进行调查和处理等。

其次，需要确定内部控制部门的组织结构和人员配置。一般来说，内部控制部门应该由一位部门负责人和若干名工作人员组成。部门负责人应该具备丰富的内部控制经验和专业能力，能够独立制定和执行内部控制制度。工作人员应该具备相关的专业知识和技能，能够协助部门负责人完成内部控制制度的制定和执行工作。

最后，需要明确内部控制部门的办公地点和工作时间。一般来说，内部控制部门应该设立在公司总部，以便于部门负责人与公司其他部门进行协调和沟通。内部控制部门的办公时间应该与公司其他部门的工作时间协调一致，以确保内部控制制度能够及时有效地执行。

三、内部控制主导型公司治理模式的风险管理与内部控制

（一）风险识别与评估

识别和评估公司经营风险，并制定相应的风险防范和控制策略，是确保公司稳健发展和持续盈利的关键。本节将详细阐述如何进行风险识别与评估，并制定相应的风险防范和控制策略。

首先，需要对公司的内外部环境进行全面分析，以识别可能存在的风险。从内部环境来看，需要关注公司的组织结构、管理制度、员工素质等因素，这些因素可能会影响公司的运营效率和决策能力。从外部环境来看，需要关注宏观经济环境、政策法规、市场竞争等因素，这些因素可能会对公司的销售、成本、技术研发等方面产生影响。

在识别出可能存在的风险后，需要对这些风险进行评估，以确定其可能带来的影响和概率。评估风险的方法有很多种，如敏感性分析、情景模拟等。敏感性分析可以帮助我们了解某个因素的变化对整个系统的影响程度；情景模拟可以帮助我们预测不同情况下的风险变化。

在评估完风险后，需要制定相应的风险防范和控制策略。风险防

范策略主要包括风险规避、风险转移、风险减小等。风险规避是指避免与可能带来风险的企业或项目合作；风险转移是指将风险转移给其他企业或保险公司；风险减小是指通过改进管理、优化流程、提高员工素质等手段，降低风险发生的概率。

控制策略主要包括风险监控、风险应对、风险报告等。风险监控是指定期对风险进行跟踪和监控，确保风险不失控；风险应对是指在风险发生时，及时采取措施进行应对；风险报告是指在风险发生或可能发生时，及时向上级领导或相关部门报告，以便采取相应的措施。

（二）风险防范与控制策略

以下是一些制定和执行风险防范和控制策略的步骤，以防范和化解公司风险。

1. 风险识别

在制定风险防范和控制策略之前，必须先进行风险识别。这意味着要识别可能对公司造成负面影响的因素，如市场变化、技术进步、政策变化、竞争对手的行动等。风险识别可以通过分析历史数据、市场研究、竞争对手分析、行业报告等方式进行。

2. 风险评估

一旦确定了可能的风险，就需要进行风险评估，以确定风险对公司的潜在影响，可以通过使用风险矩阵或其他工具来完成。风险评估应考虑可能性和影响程度，以便公司能够制定相应的风险防范和控制策略。

3. 风险防范和控制策略的制定

一旦确定了可能的风险和评估了影响程度后，就需要制定风险防范和控制策略。这些策略应该针对每个风险，并包括预防措施、应对措施和紧急情况计划。例如，如果市场可能发生变化，公司可以制订计划来适应市场变化，包括调整产品和服务、加强市场营销等。

4.风险防范和控制策略的执行

制定风险防范和控制策略后，需要确保它们得到有效执行。可以通过建立风险管理团队、制定风险管理流程、定期监控风险等方式实现。风险管理团队应由经验丰富的专业人士组成，他们应了解公司的业务和风险，并能够制定和实施风险防范和控制策略。

5.风险监控和报告

对风险防范和控制策略进行监控和报告，可以通过定期监控风险、审查风险管理流程和报告风险情况来实现，有助于确保风险防范和控制策略得到有效执行，并及时发现和解决风险问题。

（三）内部控制制度的建立与实施

1.制定内部控制制度的目标和范围

内部控制制度的目标是确保公司的财务报告准确、完整、及时，同时保证公司的业务流程合规、安全、高效。内部控制制度的范围应该涵盖公司的所有业务领域，包括财务、人力资源、采购、销售、生产等。在制定内部控制制度时，需要根据公司的实际情况，结合行业特点，制定出具体的控制目标和范围。

2.制定内部控制制度的组织结构和职责

内部控制制度的实施需要有明确的组织结构和职责分工。公司应该设立内部控制委员会或内部控制部门，负责制定、监督和实施内部控制制度。内部控制部门的职责应该包括制定内部控制制度、监督内部控制制度的执行、及时处理内部控制制度的问题、定期向高层管理人员汇报内部控制制度的实施情况等。

3.制定内部控制制度的流程和标准

内部控制制度的流程和标准应该清晰明确，具体操作性强。在制定内部控制制度的流程和标准时，需要结合公司的实际情况和行业特点，制定出具体的流程和标准。例如，在制定财务内部控制制度的流程和标准时，需要包括财务报表的编制、审核、签字、审批等环节，并制定出具体的操作标准和时间节点。

4.实施内部控制制度的监督和评估

内部控制制度的实施需要有有效的监督和评估机制。公司应定期对内部控制制度的执行情况进行检查和评估，及时发现和解决问题。同时，制定出内部控制制度的监督和评估制度，明确监督和评估的流程、标准、人员、频率等，并制定出相应的监督和评估报告。

5.加强内部控制制度的宣传和培训

内部控制制度的建立和实施需要全员参与，需要加强内部控制制度的宣传和培训。公司应定期组织内部控制制度的培训和宣传，提高员工对内部控制制度的认识和理解，增强员工的责任感和使命感。同时，制定出内部控制制度的培训和宣传计划，明确培训和宣传的流程、标准、人员、频率等，并制定出相应的培训和宣传报告。

（四）内部审计与内部监察的作用

内部审计和内部监察作为公司内部控制的重要组成部分，其作用不可忽视。两者分别承担着不同的职责，但共同致力于维护公司的正常运营和风险控制。

首先，内部审计的作用主要体现在对公司的财务状况、业务运营、内部管理制度等进行独立、客观的审计，以确保公司财务报表的真实性和准确性。内部审计不仅可以揭示潜在的风险，还能为公司提供改进建议，帮助公司提高管理水平。

其次，内部监察主要负责监督和检查公司的内部控制制度的执行情况。内部监察通过日常的业务观察、查阅资料、参与会议等方式，对公司的内部控制制度进行持续、深入的检查，确保内部控制制度的有效执行。

两者的结合使公司的内部控制体系更加完善，能够有效预防和控制公司风险。同时，内部审计和内部监察的实施也有助于提高公司员工的自我约束力，形成良好的工作氛围。

然而，内部审计和内部监察并非万能，其作用的发挥取决于公司的重视程度和执行力度。只有当公司领导层重视内部审计和内部监察，将其纳入公司战略规划，并投入足够的人力、物力和财力，以此真正发挥其作用。

此外，内部审计和内部监察还需要与其他内部控制要素相结合，形成一个完整的内部控制体系。例如，与人力资源管理相结合，可以有效防范人才流失和人才滥用的问题；与信息安全管理相结合，可以有效防止信息泄露和网络攻击；与合规管理相结合，可以有效防范法律风险和道德风险。

第三节　家族控制型治理模式

一、家族化治理模式理论

家族化治理模式起源于东南亚，早期的公司缺乏现代化的治理框架，家族伦理与企业文化相联系等特征。20世纪初，华人由于国内生活的艰辛，下南洋蔚然成风，华人安家后很快又会吸引家族里的其他成员前往，在当地形成了早期的家族企业。家族文化对企业的渗透力比较强，加上儒家文化的影响也对家族企业的发展起到了相当重要的作用。儒家文化的理论思想保证了家族企业的稳定性，公司的核心成员之间有着较为强烈的认同感，在家长带领下的企业可以减少不必要的程序，决策的效率一般较高，企业发展初期外部变化一般比较迅速，而家族企业快速的适应性对企业的发展存续有着积极的贡献。21世纪以来，股份制发展模式已经成为主流，新的股东大会、董监高等框架逐步成为主流。家族企业也在随之发生变化，以适应现代化的企业发展。但无论家族企业如何发生变化，家族企业的基本特征依然比较明显。

首先，企业的所有权一般会保持在家族企业手中。现代的企业股权治理中一般采取公司所有权与治理权相分离的模式，而家族企业的股权模式一般是将部分股权通过市场发售的方式分离出去，但是这些采取股权多元化的企业其控股权依然掌握在家族手里。其次，在企业的生产经营过程中，家族企业的渗透度相当高，家族企业成员通过血缘或者是姻亲的方式在企业内部掌持着企业的控制权，企业的重要决策离不开家族成员的压力与授权，企业决策主要采取家长制的方式，内部的集权程度比较高，地位高的家长对企业的重大决策起着主导作用。最后，通过代际传承的模式在下一代的决策中继续发挥影响，上一辈不只掌握着家族内部的事务管理，也通过自身的身份与地位继续在企业的管理决策中发挥着作用。具体到内部管理文化上，家族企业的管理方式一般具有感情化的方式，对硬性的规章制度看重度比较低，缺乏统一的管理标准与管理方法。主要通过员工内部文化的宣传，营造出一种和谐的文化氛围，让员工在工作中产生对企业的归属感。如韩国的企业为员工提供全套的生活与护理服务，在集团内部提供员工所需要的一切，不但提供班车、学校甚至医院，为员工提供服务，基本不收费或者收取很少的一部分象征费用。通过在公司园区内部提供一种家文化的氛围，以保证员工的忠诚度，减少管理方面的难度，提高生产积极性。但是家族化的管理所带来的监管难度飙升，家族企业在内部掌控着企业的主要部门，外部成员由于股权的分散性，几乎难以真正做到对公司的了解，更别说参与公司的经营。企业向外部透露的信息也比较少，企业的信息可靠性更是一个比较重大的问题。外部信息的管理与收集通道不足，很多时候是在企业出现重大违约或者可持续经营困难时，真正的信息才会暴露出来，此时的监管往往只能起到减少公司固有损失的作用，对公司监管来说，家族治理难度颇高，效果也较低。

F-PEC（家族—权力—经验—文化）模型是家族化治理模式的一个概括性总结，如图4-1所示，可以看出该模型分为三个维度：权力维度、经验维度和文化维度。在权力维度上，家族成员通过直接或者间接的方式对公司的所有权进行把握，在企业的治理层与管理层中，家族企业通过董事会成员的所占比例对家族企业进行不同程度的掌控，保证企业主要事务的主导权。在经验维度上，家族成员通过股权继承等方式保持所有权的传承，通过对家族成员的培养，使家族成员掌握足够的管理经营权，并保持良好的公司框架来确保家族延续的可能性，再通过任命家族成员为管理人员的方式保持家族在公司中的巨大影响。在文化维度上，提倡家文化理念与企业价值观的结合，力求在家族企业内部营造一种团结协助、互相关爱与包容温暖的文化氛围。在具体的实施中，家族成员通过承诺的方式为员工创下目标，满足员工的发展需求，与员工建立积极的信任关系，共担风险，共享成果。

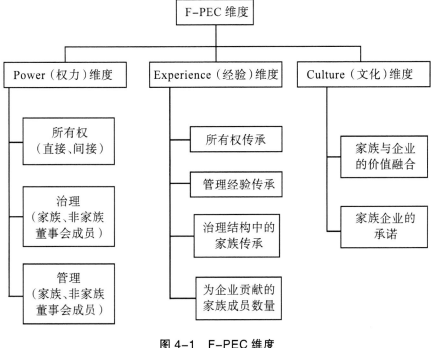

图 4-1 F-PEC 维度

二、家族企业内部控制优化思路

（一）树立开放式治理理念

1. 积极引入非家族成员完善内部控制治理

纵观家族化的成长，需要的不仅是一个对自己忠心耿耿的团队，更需要的是能在企业的成长中独当一面，当机立断的专业人才。专业人才的治理可以摆脱对家族成员的依赖，在给予这些非家族成员相当的权力后，在内部控制的具体执行与实施中，这些完善的专业人才可以给家族企业带来全新的理念与方法。近年来，无论是家族企业兴起的非家族化还是单纯的讲究内部的治理现代化，非家族成员的引入都是非常重要的。在华人首富李嘉诚的治理团队里面，除了自己亲近的两个儿子以外，集团内部的高管几乎都是延揽过来的人才，这些优秀的人才不仅提升了公司的治理水平，更重要的是，为公司的内部控制治理带来了良好的基础条件。优秀的团队带来了良好的治理理念与行为规则，改革了公司创始期形成的不规范不合理制度，这也是保证公司在经历了多年的起伏变化而没有因为内部控制问题发生大的事故的原因。

2. 亲疏一体有效治理企业

内外亲疏不均是家族企业的重要特性，家族企业自成立以来家族成员的干预是治理不平等的主要原因，家族企业与非家族企业在对待员工上有着明显的不同，也正是家族企业的主要缺点所在，而现代化的家族企业则讲究摆脱这种束缚。美的集团的创始人何享健就敢于用人，不因为与自己关系和血缘的差异而区别对待。1997年他力主劝退元老，引入职业经理人方洪波，2009年便辞退自己，举荐方洪波担任董事会主席。之后还对公司的组织架构进行改革，对公司内部进行分权制改革。集团的总部转向人力资源、投融资、预决算等战略管理集团，扩大旗下各个事业部的自治权，包括给予事业部完全的人事任免权与高度的资金流转额度等。对自己企业的外部员工没有防范戒备，而是充分的信任，相信员工的实力，高效的企业治理更需要的是无差异化治理，因为只有摆脱作为家族成员的局限性，才能高效地治理公司。

（二）积极引入先进文化建设家族企业

1. 内部营造民主治理氛围

家族企业的治理往往更依赖的是个人决策，一言堂的治理更多的时候会将企业带入风险当中。家族公司的治理需要的是有才能的人协助，而不是董事长的个人独断。新希望集团董事长在讲话中提出，管理决策只有逐步走向合作，专业人士才能做更专业的事，管理模式需要重大提升变革。现代化的治理模式靠的就是集体决策，集合行业内部专业人士的力量来完善治理，而家族企业内部就亟须摆脱个人主义的治理，以民主治理来完善公司决策需求。

2. 推进家族企业文化发展

家族企业一步步成长发展，一方面离不开企业家的正确领导与奋力拼搏；另一方面更离不开人和的因素，而人和最主要的就是企业的文化。为了企业的进一步壮大，企业的文化建设也不能落伍。文化建设需要抛弃传统狭隘观念，提升企业的文化创新，重构企业理性文化。以日本的家族企业文化建设来看，日本的人本文化理念浓厚，终身雇佣制，高度的企业福利给员工带来了安全与信任，重视员工的价值，让员工乐于奉献。先进的文化理念也为企业带来了良好的传承与稳定的工作员工，可以帮助企业更好地完善自身的产品与服务，精益求精。由此可知，先进的企业文化不只是企业员工日常的口号，更是员工高度满意的体现。

（三）以人才为核心完善家族企业人力政策

1. 变"任人唯亲"为"任人唯贤"

美国学者杜拉克通过对杜邦公司、莱维－施特劳斯公司以及罗思柴尔德家族的调查与研究，提出了杜拉克原则的思想，即家族企业不应该在本企业工作，也不应该胜任要职而应选择非家族成员进行企业内部管理。家族企业本来就带有明显的亲情特征以及多种多样的纽带联系。家族企业不能局限于只选择直系亲属来完成自己公司的治理，而应该任人唯贤，将事业交给有能力的人打理，不管他是内部人还是外来者，只有亲情而没有能力的继承人会将事业毁于一旦。

2. 运用多种手段提升家族成员的个人素质

只有管理层中的个人治理能力提升，家族企业才会更好地成长。为保持治理的先进性，家族企业中的家族成员应该提升自己的管理专业水平，在自己的领域内加强实践与理论的学习，不断突破，运用多种手段提升自身的素质。

3. 内外一体公平分配激励

家族企业作为家族所有、股权主导的企业，需要在家族利益与公司利益之间进行合理的分配。优秀的激励分配制度更多地体现的是内外一体、荣辱与共的特征。优秀的激励分配以公司发展与员工素质为考虑，激励分配全面均衡，更注重非家族成员员工的感受，以提升家族企业经营效益为目的。老板电器在进行激励分配时就充分考虑到了内外分配公平的问题，非家族成员占比较高，在家族企业中起到了重要的作用，应该重点奖励。家族成员占比原本就较高，激励分配可以适当的弱化。2014 年实施的股权激励中，共向 87 名员工分配 450 万股股票，其中，家族成员只占 4.5% 的比例，对公司内的其他成员，特别是占比最大的中层管理人员与高级员工，分配占比高达 66.75%。通过合理的激励分配，平衡家族成员与非家族成员的利益。

（四）家企分离强化内部控制活动

1. 个人与企业利益相分离完善内部控制活动

现代企业的发展过程要求摆脱内部利益纠缠，只有实现个人利益与企业利益的区分，才能规范化企业治理。现阶段，我国大多数的家族企业通过家族办公室、家族信托等形式很好地解决了公司的利益纠纷，在公司治理的内部，通过家族章程、家族宪法的形式来规范家族企业的个人行为，推动家企分离与内部控制优化。

2. 注重契约思想优化控制活动

家族企业的治理是典型的人情文化，会给企业带来诸如任人唯亲、一言堂等弊端，给家族企业的治理带来压力。为了更好地治理家族企业，需要摒弃传统的人情思想，注重内部的契约文化。"契约"一词源于拉丁文，是一种自由、平等、守信的精神，契约意味着一种规则意识。在商业活动中，人与人之间的交往更依赖白纸黑字的规章制度，通过高度有效的企业规章制度来治理企业，在企业内部形成高度的平等与诚信思维。具体来看，注重契约精神意味着在家族企业内部注重企业制度的运行，在制度的指引下，家族成员与非家族成员之间通力合作，共同完成家族企业的质量。

3. 注重非家族成员参与完善内部控制规章

从家族企业的成长来看，家族企业的成长与现代化的企业治理制度息息相关，优秀的家族企业如美国的福特、杜邦，日本的松下、丰田无一不是有着现代完善的内部制度，甚至发展出自己独有的公司管理理念。如准时生产、全员积极参与改善的丰田生产体系，安全第一、全员管理的杜邦安全体系，为现代公司治理所借鉴。这些家族企业的制度完善不仅依靠的是家族成员的努力，甚至相当一部分企业的家族成员也并未参与公司的制度建设，它们的制度建设更依赖职业经理人与员工的参与，在广泛的非家族成员的基础上，通过对前人思想的总结以及自身企业的实际特点，制定出适合自己企业的规章制度。单纯的家族成员对企业规章的制定发挥的作用毕竟有限，只有将企业员工融入公司治理才能更好地完善内部控制。

（五）面向基层优化信息与沟通

1. 加强家族企业的内外沟通与互信

家族企业的沟通面临的最大问题是信任不足，信任不足导致沟通存在局限性，而良好的沟通更注重双向的互动，需要切实关心基层员工的利益，抛弃作为家庭成员的局限性，提高公司内非家庭成员的信任度。李嘉诚告诉员工："现在我不是公司的领导者，你们只需要把我当成你们的长辈，我今天坐在这里就是想跟你们分享彼此的经验，这样我们大家才都能成长。只有对员工信任，员工才会正向回馈，解决家族企业沟通难题。"

2. 家族会议与公司治理分离

现阶段，我国许多家族企业的治理离不开家族会议的参与，家族成员通过家族会议主导着企业的信息流，长此以往会导致不规范现象的发生。借鉴现代企业沟通交流的模式，推动家族会议与家族企业互相分离是公司治理现代化的基础。企业的信息交流应该摆脱家族会议的主导，李锦记集团的家族委员会几乎每年都会召开家族会议，但是家族会议上并不讨论公司的事项，只讨论家族成员的个人事务与家族团结，公司的信息交流只发生在企业的董事会与股东大会等现代化的治理机构中。通过将家族会议与企业治理相分离的方式，解决了家族成员对信息的垄断，有效地推动了公司的治理。

3. 多途径提升家族员工信息化水平

信息社会高度变化，家族企业只有快速融入其中，才不会被时代步伐拖累。现阶段，我国的各类家族企业均进行着多多少少的信息化改革，家族企业面对自身的短板，大多会从自身以及家族成员入手，先着力提升自己的信息化意识。再对优秀的企业进行考察，寻找适合自身的信息化工具与沟通平台。最后落到实际，推动家族员工与信息化工具的深度融合，提升信息化水平。

（六）淡化亲缘差异，健全内部监督

1. 减少家长权威，优化董事会监管

在家族企业的治理中，董事会往往会陷入家长制的绝对领导中，发挥的作用有限，公司的董事会沦为一言堂的专制工具，而完善的企业治理要求董监高（董事、监事和高级管理人员）义务明确，治理合理。根据 2018 年 10 月 26 日，第十三届全国人民代表大会常务委员会第六次会议《关于修改〈中华人民共和国公司法〉的决定》第四次修正，2023 年 12 月 29 日第十四届全国人民代表大会常务委员会第七次会议第二次修订。公司法、强化董事义务、明确控股股东和实控人法律责任、压实董监高责任、规范关联交易以及加强中小股东保护等规定，现代化的家族企业更应建立完善的治理机制，家族企业需要通过提高监管水平、减少家长制的权威的干预，以现代化的治理结构完善董事会的监管。

家族企业内部依赖家族成员实施的监事制度始终难以起到作用，首先，需要明确监事的治理责任，完善监事的选拔机制，监事会应该面向企业的非家族成员开放。其次，可以向公司的员工普及公司法的相关概念，提升员工的内部控制意识。家族企业中的家长应该主动放权，严格按照公司的规章制度进行，鼓励监事积极参与公司治理，保

障监事制度的正常运行。针对企业中的重大事项，应该严格按照现代公司治理的机制，由公司的监事充分了解并审批后再执行。董事长应该重视监事制度的实际运行，应抽出专门的时间进行监事会的选举，并由公司为监事发放薪酬。运用完善的制度优化董事会监管，减少家长的权威，推进公司治理现代化。

2. 引入外部人才，完善独立审计

独立的审计制度要求内外一体，家族成员与非家族成员要同等化对待，审计的重点是公司的业务与经营，审计人员必须具有充分的授权与高度的专业化知识。以美的集团为例，美的集团的内审做得较好，美的审计总监具有扎实的财税知识，业务能力熟练，历任多个事业部的财务总监职位。内审机构的设置也由初期的对总经理负责到对董事会负责，使内审脱离家族成员的干扰。董事长对审计工作也高度重视，对审计报告高度关注，及时作出批复，同时安排专业人员对公司的审计落实情况进行监督，对发现的问题及时整改，让独立审计充分发挥作用。

内部审计部门首先应向董事会负责，以提升内审的独立性。其次，从内审人员入手，引入专业的非家族成员来对内审负责，选择的审计人员应熟悉公司的各项财务业务活动并有专业的审计知识与能力。最后，家族企业选择的内部审计负责人还需要保持一定的独立性，与财务部门相分离，尽量选择家族成员以外的人员来领导审计。企业的管理层应该与内审机构保持一定的距离，尤其在家族成员占比较多的部门，应该进行重点审计，减少家族成员之间的互相包庇。通过合理的职位设置与专业的审计活动来优化内部控制，完善治理。

第四节　内部人控制型治理模式

一、内部人控制型治理模式概述

内部人控制型治理模式是企业治理的一种重要方式，它主要是指在企业内部，通过一系列制度安排和激励机制，实现对内部人的有效监督和约束，从而降低内部人滥用职权、损害企业利益的风险。

这种模式的核心是建立一套完善的内部控制系统，通过对内部人的行为进行监督和约束，防止他们利用自己的职权为企业谋取私利。内部控制系统通常包括内部审计、内部监察、内部审计和内部法律咨询等部分，这些部分相互协作，共同确保企业的合规运营。

此外，内部人控制型治理模式还强调激励机制的作用。激励机制是指通过设定目标和奖励机制，激发内部人的积极性和创造力，从而提高企业的整体运营效率。例如，企业可以通过设定年度绩效考核目标，对表现优秀的员工给予奖励，从而激发他们的积极性。

在实际操作中，内部人控制型治理模式需要与企业文化和价值观相结合。企业文化是指企业的价值观、信仰和行为规范，它是企业内部人控制型治理模式的基础。只有当企业文化与治理模式相融合，才能真正发挥内部人控制型治理模式的作用。

内部人控制型治理模式的优势主要体现在降低企业内部人滥用职权的风险、提高企业的治理效率、促进企业长期稳定发展等方面。首先，这种模式能够有效降低内部人滥用职权的风险。由于内部人通常对企业内部情况有更深入的了解，他们能够更准确地判断企业的运营状况，从而在决策时避免滥用职权。其次，内部人控制型治理模式能够提高企业的治理效率。内部人通常能够更快地做出决策，从而提高企业的治理效率。最后，这种模式能够促进企业长期稳定发展。

内部人控制型治理模式同样也面临一些挑战。首先，如何平衡内部人与外部股东的利益是一个重要的问题。内部人通常更了解企业的内部运作，他们可能会倾向于维护自己的利益，而忽视外部股东的利益。因此，如何平衡内部人与外部股东的利益是一个需要解决的问题。其次，如何提高内部人的监督效率也是一个重要的问题。由于内部人通常更了解企业的内部运作，他们可能会面临监督自己的困难。因此，如何提高内部人的监督效率是一个需要解决的问题。

二、内部人控制型治理模式的基本要素

（一）董事会结构与职责

董事会是企业最高决策机构，其职责涵盖制定企业战略、监督和管理高级管理层等方面。董事会的结构与职责对于内部人控制型治理模式的重要性不言而喻。

首先，董事会结构是指董事会的组成成员、角色和职责。在内部人控制型治理模式下，董事会通常由内部管理层和外部独立董事组成。内部管理层作为董事会的一部分，可以提供企业的内部信息，更好地制定战略和管理高级管理层。外部独立董事则可以提供独立的意见，监督企业的决策过程，防止内部人控制造成的道德风险。

其次，董事会的职责包括制定企业战略、监督和管理高级管理层等方面。制定企业战略是董事会的核心职责之一，董事会需要根据市场环境、企业资源和竞争对手等因素，制定出适合企业发展的战略。此外，董事会还需要监督和管理高级管理层，确保高级管理层的行为符合企业的战略目标和价值观。在监督和管理高级管理层的过程中，董事会需要对高级管理层的绩效进行评估，并根据评估结果进行相应的奖惩措施。

董事会结构与职责在内部人控制型治理模式中的重要性体现在以下几个方面：一是董事会结构可以有效地制衡内部人控制造成的道德风险，保证企业的健康发展。二是董事会的职责可以防止内部人控制造成的内部人利用企业的资源谋取私利，保证企业的公平性和透明度。三是董事会结构与职责的完善可以提高企业的决策效率，使企业更好地适应市场环境的变化。

（二）独立董事制度

独立董事制度作为内部人控制型治理模式的重要组成部分，其核心目的是防止内部人滥用职权，保护企业的利益。在我国，独立董事制度已经得到了广泛的应用，并在实践中证明了其有效性。

1. 强化独立董事制度

由于有的公司一直处于"一言堂"的局面，董事会几乎形同虚设，并不能很好地起到监督的作用，在董事会成员构成中，独立董事是唯一企业外部的成员，作为与企业家族成员以及企业本身都脱离的一个岗位，对家族成员以及创始人的约束力是很大的，所以要强化独立董事的制度，充分给予独立董事监督的权力比重，从而使得企业"一言堂"的局面遭到一定的冲击，为企业未来可持续发展提供相应的保障。在强化独立董事制度的同时，需注意以下几点。

第一，独立董事人员的任命应避免从创始人的好友中选取，而是应该将目光锁定在高校中任职或有威望的一些专业人士身上。聘请高校的教授等有威望的专业人士来企业担任独立董事有诸多好处，例如，这些有威望的教授都有相当丰富的管理学知识储备，这从一定程度上弥补了创始人在管理学知识方面的缺陷，从而达到"1+1>2"的效果。如果能有幸聘请到有威望的大学教授成为公司的独立董事，那对于企业未来的上市及决策等都是有积极作用的。

在上市阶段，投资者看到有高校的教授作为企业的独立董事，那么这些投资者会对企业产生更多的信心以及信任感，从而使企业上市发展越来越顺利，无意间避免了上市投资资金紧张的风险。在决策方面也是如此，当企业规模发展越来越大时，很多事情的决策仅靠创始人"一言堂"是绝对不够的，毕竟人的精力与视野是有限的，为了更有利于企业未来可持续发展，有威望的独立董事参与企业的决策能给企业带来新的灵感以及高度，从而使企业进入越来越好的良性循环中。

第二，引进独立董事的同时，需及时优化董事会的制度。由于独立董事是唯一一个可同时不受家族成员以及企业自身影响的职位，所以保障独立董事相应的权力是优化董事会监督作用的非常重要的一个层面。在优化董事会制度以及强化独立董事权力时，建议增加独立董事决策的比重，给予独立董事与董事会其他成员以及创始人充分对抗的权力，这样才会倒逼董事会真正地拥有监督的实权。

2. 优化董事会人员构成，避免家族成员"浓度"过高

有的公司董事会成员大多为家族内部成员，董事会形同虚设，基本起不到对股东的监督作用，为优化这一问题，建议将董事会人员构

成重新洗牌，避免过多地存在家族内部成员。

　　为避免创始人"一言堂"行为的持续发展，建议将优秀的非家族成员员工纳入董事会，参与公司的日常经营决策。因为公司裙带关系严重影响了公司内部治理与管理，并使家族外成员工作消极，对企业失去信心。在董事会成员中，如果能积极将家族外优秀员工纳入董事会，那么对家族外真正为公司提供价值的人是一种很大的鼓舞与正向的激励，也会打破家族成员有恃无恐的现状。在优化董事会人员构成后，相信创始人"一言堂"的现象以及"家长式"的管理机制可以被有效地改善。

　　除此之外，建议董事会中家族内部成员人数不超过非家族成员员工人数。如果家族内成员人数过多，那还是会存在创始人"一言堂"局面的风险，为了尽最大可能地规避掉董事会形同虚设的风险，建议将董事会中非家族成员的员工引进数量超过董事会中家族内成员的引进数量，这样能避免家族成员在董事会成员中"浓度"过高，使董事会人员构成优化更具显著效果。

　　优化董事会人员构成是提高董事会决策质量和效果的重要手段，公司董事会人员构成的优化需要从以下几个方面进行。

　　第一，引进对公司管理和决策方面有一定知识背景以及有独到见解的专业人才，这部分也可以理解为聘用合适的独立董事，这样才能够为公司提供专业化的决策和指导。

　　第二，让董事会成员更多元化，建议选择各个年龄层以及多样的知识背景的成员。这样可以避免单一思维和盲目决策，提高企业的适应性和创新性。

　　第三，需要注意家族成员的专业素养和能力，避免因为家族成员的个人情感和利益影响企业的决策。

　　第四，建立科学的董事会成员评估机制，对董事会成员的能力、经验、道德品质等方面进行评估和考核，从而保证董事会成员的素质和能力。

　　通过上述改进措施，使董事会成员构成较为合理且真实，推动董事会作出明智决策，加强董事会的监督效果，从而更好地服务于公司的长期发展。

3. 增强董事会成员的责任意识

有的公司创始人既是大股东，又是董事会成员，这使董事会失去了其监督的职责，也形成了大股东掌握董事会的局面，尽管创始人对待公司不会缺乏应有的责任意识，多年来家长制的管理模式使创始人将决策权牢牢掌握在自己手中，创始人虽有多年的实践经验傍身，但也难免会作出错误的决策。随着企业的不断发展，社会环境、市场环境也日新月异，企业决策的容错率也越来越小，今时不同往日，现在企业的规模已经不像初创时期了，一旦经历决策失误，对企业的打击将是很大的。因此，为避免这类情况发生，董事会需要扛起监督的大旗，监督大股东的决策，为公司规避风险。

由于董事会形同虚设已经形成了习惯，再启用董事会，难免会有不习惯或特殊情况的发生，此时，董事会成员的责任意识变得尤为重要，公司需要强化董事会成员的岗位责任意识，增强董事会成员的责任意识需要从以下几个方面进行。

第一，明确董事会成员的职责和责任范围，包括对公司的战略规划和管理决策进行监督和指导，确保公司管理的合法性和合规性。

第二，建立明确的董事会成员责任制度，从法律、道德、职业道德等方面对董事会成员的责任进行规定。

第三，加强董事会成员的培训，提高其对公司治理的认知和理解，提升其监督和指导能力。

第四，建立有效的监督机制，对董事会成员的决策和管理行为进行监督和评估，确保其行为合法、合规。

第五，建立风险管理机制，对公司的各项风险进行评估和管理，同时监督和指导董事会成员在风险管理方面的行为。

通过以上措施，可以有效地增强董事会成员的责任意识，提高其对公司治理的认知和理解，从而更好地履行自己的职责和责任。

（三）监事会制度

监事会制度，作为企业内部监督机构，其职责是监督企业高级管理层的经营行为，确保其符合法律法规和企业章程。

1.修订公司章程,明确监事会职责

由于有的公司对监事会不是非常的重视,所以没有明确监事会的相关章程的具体事宜以及管理条例,也没有让董事会以及股东重视到监事会的作用,通过对近代分权制衡理论的研究发现,只有监事会、董事会、董事长之间相互制衡,才能让企业的发展更长远,企业的战略决策更准确。

为了增强监事会的存在感,明确监事会的职责以及让公司高管及股东均意识到监事会的重要性,可以从以下几点进行改善。

第一,审视现行章程。对公司章程进行全面审视,包括公司治理结构、监事会的组成与职责、监事会的权利和义务等方面,探索还需精进的地方,对其点对点地进行纠错改正。公司章程规定了公司的组织形式、管理结构、运作方式等方面的内容,通过对公司章程进行解读后发现,公司对监事会的重视程度较为低下,基本没有对监事会的行为规范准则,不仅如此,对董事会与独立董事的制度规定也不甚明确,仅仅是提及相关概念。

第二,制定监事会章程。在现行章程的基础上,重新制定符合公司实情的监事会章程,明确监事会的职责和权利。监事会章程应该包括监事会的组成、职责、权利、义务、选举与罢免程序等方面的内容。

第三,与公司章程相衔接。监事会章程应该与公司章程相衔接,避免出现冲突或重复规定。在修订公司章程时,应注意监事会章程与公司章程之间的协调和衔接。

第四,监事会成员参与修订。在修订公司章程时,应邀请监事会成员参与,征求他们的意见和建议,确保监事会章程的合理性和可行性。

第五,股东大会审议通过。修订公司章程需要经过股东大会的审议和通过,确保章程的合法性和权威性。在股东大会上,应对修订后的监事会章程进行详细说明,让股东了解监事会的职责和作用。

总之,修订公司章程,明确监事会职责,需要认真审视现行章程,制定监事会章程,与公司章程相衔接,邀请监事会成员参与,经过股东大会审议通过。只有明确监事会的职责和权利,才能更好地发挥监事会的作用,保护公司股东的利益,维护公司的长远发展。

2. 加大对监事会成员的培训力度

监事会作为公司治理结构中较为重要的一个组织，它的作用是约束高管不做有损企业利益的行为，从而保护股东们的利益。因此，加强监事会成员的培训力度非常重要。以下是一些加强监事会成员培训的建议。

第一，制订培训计划。公司管理层应该根据监事会成员的职责和工作要求制订培训计划，包括培训内容、时间和方式等，以确保监事会成员掌握必要的知识和技能。由于监事会工作的专业性强，所以公司应提高监事会人员的准入门槛，建议对监事会候选人进行道德标准、财务水平、法律知识等方面的综合测试，择优选取。

第二，选择合适的培训方式。监事会成员多数是高级管理人员或资深专业人士，因此应该选择适合他们的培训方式，如学习班、研讨会、讲座等，并且可以利用现代化技术手段，如在线学习、视频教育等。可以外聘法律讲师为监事会成员特殊培训，以此提升监事会成员的职业敏感度，提高监事会成员工作时的责任意识。

第三，选择合适的培训内容。监事会成员需要掌握的知识和技能非常广泛，包括财务管理、法律法规、风险管理、公司治理等。因此，在制订培训计划时应该因地制宜，迎合监事会成员的实际需要，选择最合适的培训内容。

第四，开展定期培训。监事会成员的工作需要不断更新和完善，应定期开展培训，以保持监事会成员的专业水平和知识储备。

第五，激励监事会成员参与培训。公司可以通过提供培训津贴、加薪、晋升等方式，激励监事会成员参与培训，提高他们的积极性和主动性。

总之，加强监事会成员的培训力度是企业加强内部治理、提高公司治理质量的重要举措。只有不断提升监事会成员的专业水平和知识储备，才能更好地履行监督职责，维护企业健康稳定发展。

（四）内部审计部门

内部审计部门是企业内部审计机构，其主要职责是对企业的财务状况、内部控制和风险管理等进行审计。作为企业的重要部门，内部审计部门的作用和职责是至关重要的。

首先，内部审计部门的作用主要体现在以下几个方面。

（1）保障企业财务报表的真实性和准确性。内部审计部门通过审计企业的财务报表，可以确保报表的真实性和准确性，避免虚假财务报表的出现，从而保护企业的声誉和利益。

（2）提高企业的内部控制水平。内部审计部门通过审计企业的内部控制，可以发现存在的问题并提出改进建议，从而提高企业的内部控制水平，减少企业经营风险。

（3）促进企业的持续发展和改进。内部审计部门通过对企业的审计，可以发现企业存在的问题和不足，并提出改进建议，从而促进企业的持续发展。

其次，内部审计部门的审计方法主要体现在以下几个方面。

（1）审计程序和方法的规范化。内部审计部门需要按照规范化的审计程序和方法进行审计，确保审计的准确性和公正性。

（2）审计数据的准确性和完整性。内部审计部门需要确保审计数据的准确性和完整性，以便进行准确的审计结论。

（3）审计结果的及时性和有效性。内部审计部门需要及时向企业管理层报告审计结果，并提出改进建议，以便企业及时采取措施。

（五）内部沟通与信息披露机制

内部沟通与信息披露机制是内部人控制型治理模式的重要组成部分。其目的是提高内部人的监督效率和透明度，以防止内部人员滥用职权，损害公司利益。

内部沟通与信息披露机制的设计需要考虑以下几个方面：（1）明确信息披露的范围和内容，包括公司的财务状况、业务运营情况、风险管理情况等。（2）确定信息披露的频率和方式，包括信息披露的时间、方式、对象等。（3）建立信息披露的监督机制，包括信息披露的审核、评估、反馈等。

内部沟通与信息披露机制的运作需要考虑以下几个方面：（1）建立内部沟通渠道，包括内部邮件、内部会议、内部报告等。（2）建立信息披露的流程，包括信息披露的提交、审核、发布、反馈等。（3）建立信息披露的记录和存档机制，包括信息披露的记录、存档、查询等。

内部沟通与信息披露机制的效果需要考虑以下几个方面：（1）提高内部人的监督效率。通过内部沟通与信息披露机制，内部人可以及时了解公司的财务状况、业务运营情况、风险管理情况等，从而及时发现问题并采取措施。（2）提高内部人的透明度。通过内部沟通与信息披露机制，内部人可以了解公司的决策过程、管理方式、业务模式等，从而更好地理解公司的运营情况。（3）提高公司的治理效率。通过内部沟通与信息披露机制，公司可以及时了解内部人的工作情况和绩效，从而更好地管理内部人员。

三、内部人控制型治理模式在企业中的具体应用

（一）企业战略制定与实施

在企业战略制定方面，内部人控制型治理模式的应用主要体现在制定企业战略目标上。企业战略目标是企业长期发展的方向和目标，是企业各项工作的指导方针。内部人控制型治理模式通过建立内部控制系统，确保企业战略目标的制定和实施符合企业的长期发展规划和利益。比如，企业可以建立战略目标制定小组，由内部人员组成，通过内部人员的专业知识和经验，对企业的战略目标进行制定和评估，以确保战略目标的合理性和可行性。

在企业战略实施方面，内部人控制型治理模式的应用主要体现在评估战略风险上。在企业战略实施过程中存在各种风险，如市场风险、管理风险、技术风险等。内部人控制型治理模式通过建立内部控制系统，对企业的战略实施过程进行监督和评估，以确保企业的战略实施符合企业的长期发展规划和利益。

（二）企业风险管理与内部控制

企业风险管理与内部控制是企业管理中的重要环节，而内部人控制型治理模式则是在此基础上进一步优化的一种管理模式。下面将详细介绍内部人控制型治理模式在企业风险管理与内部控制中的应用，包括识别风险、评估风险、控制风险等，以帮助读者更好地了解其实

際应用情况。

首先，在企业风险管理中，内部人控制型治理模式可以帮助企业识别潜在的风险。这种模式强调企业内部人员的积极参与和主动识别风险，通过建立风险识别机制和定期进行风险评估，企业可以及时发现潜在的风险并采取相应的措施进行防范。例如，在金融行业中，内部人控制型治理模式可以帮助企业识别金融风险，如信用风险、市场风险等，并采取相应的措施进行控制。

其次，在企业风险评估中，内部人控制型治理模式可以帮助企业进行全面的、客观的风险评估。这种模式强调企业内部人员的参与和监督，确保评估过程的公正性和客观性。例如，在制造业中，内部人控制型治理模式可以帮助企业对供应链风险进行全面评估，包括供应商风险、物流风险等，并采取相应的措施进行控制。

最后，在企业风险控制中，内部人控制型治理模式可以帮助企业建立有效的风险控制机制。这种模式强调企业内部人员的参与和监督，确保风险控制机制的有效性和实用性。例如，在医疗行业中，内部人控制型治理模式可以帮助企业建立医疗风险控制机制，包括药品安全风险、医疗事故风险等，并采取相应的措施进行控制。

（三）企业人力资源管理

企业人力资源管理是企业管理中不可或缺的一部分，涉及员工的招聘、培训、绩效考核等方面。在这些方面中，内部人控制型治理模式的应用可以帮助企业更好地管理人力资源，提高企业的效率和竞争力。

在人力资源管理制度的完善上可以从以下几点入手：第一，扩大招聘渠道，尽快补充人力。通过外部招聘和内部推荐，让更多的潜在求职者知道公司的招聘信息。公司长期处于招聘以及人员流动状态下，也会刺激内部员工良性竞争循环。第二，实行利润共享或项目提成以及股权激励等长期激励机制，让员工对工作更有上进的动力与冲劲。无限缩短企业与员工之间对目标看法的差距，最终让企业发展壮大与长久。第三，完善人力资源管理制度，杜绝家族内部成员特殊化处理现象。由于家族企业内家族成员较多，有些家族成员容易因为其身份的特殊性而要求被特殊对待，出现了一次后就会有非常多的人争相效仿，长此以往，不利于公司人力资源管理。故需聘请专业的人力资源管理顾问或专家与企业高管层组成人力资源管理制度规划小组，结合公司实际情况，制定出专属公司的人力资源管理制度，并安排全体员工学习，由人力资源管理顾问或专家进行随访指导，杜绝特殊化处理现象，从而使公司人力资源管理制度规范化实施。

在人力资源管理中优化激励机制是企业管理的一项重要任务，它对员工工作的积极性与对事物的创造力方面有推动助力的作用，可以增强员工的工作动力和责任感，促进企业的持续发展。以下是一些优化激励机制的建议。

第一，设定合理的薪酬制度。公司需要根据实际情况制定合理的薪酬制度。在建立薪酬制度之前，需要将公司的薪等、薪幅、薪档以及叠幅等设计清楚，这样企业的薪酬结构体系将更清晰且基本形成。企业的薪酬政策线是企业薪酬体系设计的关键线，企业需要以这条曲线作为基点来确定企业的薪等、薪幅、叠幅等。其中，薪酬叠幅的设计非常重要，其对于企业的人才分布有非常强的引导作用，当公司想让员工专注于其工作本职而非专注于职业晋升时，就可以用非常宽的叠幅设计，例如，家族外某成员是一个非常优秀的研发人员，企业在留住这个人才的时候，不一定要将他提拔为管理层，而是让他专注于研发领域，但是根据他的实际成就，薪酬比普通管理层要高出很多，以此来留住人才。

第二，推行绩效管理制度。公司应对原有的绩效考核制度进行反思，并结合绩效管理知识，与实际相结合，制定出适合公司实情的绩效管理制度，并有效推行。企业应该根据员工的工作表现和贡献，实行奖励制度，如年终奖、绩效奖、荣誉称号等。奖励制度可以使员工提高工作积极性以及满意度，从而深层次地激发员工工作的创造力。

第三，提供培训和发展机会。公司作为一个发展的平台，需要给员工提供让他们提升自己能力的训练机会，让员工不断提高自己的技能和知识水平，从而让员工更愿意投入工作中，并收获内心的满足感。员工的能力和知识水平越高，就越容易实现个人价值和企业目标的统一。

第四，建立股权激励制度。公司可以采取让员工参股的形式激励员工，让员工一起切身地感受企业发展的魅力。股权激励作为长期激励的手段，与员工建立起同感联系，很大程度上弥补了短期激励的弊端。股权激励制度可以让员工更加关注企业的长期发展，从而增强员工的归属感和责任感。

总之，公司应该根据自身情况，制定合理的薪酬制度，推行绩效管理制度，提供培训和发展机会，实行奖励制度，建立股权激励制度等，不断提高员工的工作满意度和忠诚度，实现企业的长期发展目标。

（四）企业财务管理

内部人控制型治理模式在企业财务管理中的应用，主要包括预算管理、成本控制和财务审计等方面。

1. 预算管理

预算管理是企业财务管理中的一项重要工作，旨在对企业未来的收入和支出进行计划和控制。内部人控制型治理模式在预算管理中的应用主要体现在以下几个方面。

（1）制订预算计划。企业内部人员需要根据企业的实际情况，结合市场调研和预测，制订出合理的预算计划。在制订预算计划时，需要考虑各种风险因素，并采取相应的措施进行风险控制。

（2）执行预算计划。企业内部人员需要对预算计划进行严格的执行和监控，确保各项支出符合预算计划，并及时调整计划，以避免超支和浪费。

（3）审核预算计划。企业内部人员需要对预算计划进行定期审核和评估，以确保预算计划的合理性和可行性。在审核预算计划时，需要结合实际情况进行调整和优化，以提高预算管理的效率和效果。

2. 成本控制

成本控制是企业财务管理中的一项重要工作，旨在对企业各项活动的成本进行控制和管理。内部人控制型治理模式在成本控制中的应用主要体现在以下几个方面。

（1）制订成本控制计划。企业内部人员需要根据企业的实际情况，结合市场调研和预测，制订出合理的成本控制计划。在制订成本控制计划时，需要考虑各种风险因素，并采取相应的措施进行风险控制。

（2）执行成本控制计划。企业内部人员需要对成本控制计划进行严格的执行和监控，确保各项活动的成本符合控制计划，并及时调整计划，以避免超支和浪费。

（3）审核成本控制计划。企业内部人员需要对成本控制计划进行定期审核和评估，以确保成本控制计划的合理性和可行性。在审核成本控制计划时，需要结合实际情况进行调整和优化，以提高成本控制的效率和效果。

3. 财务审计

财务审计是企业财务管理中的一项重要工作，旨在对企业财务状况进行审计和检查，以发现和纠正潜在的问题。内部人控制型治理模式在财务审计中的应用主要体现在以下几个方面。

（1）制订财务审计计划。企业内部人员需要根据企业的实际情况，结合市场调研和预测，制订出合理的财务审计计划。在制订财务审计计划时，需要考虑各种风险因素，并采取相应的措施进行风险控制。

（2）执行财务审计计划。企业内部人员需要对财务审计计划进行严格的执行和监控，确保财务审计的质量和效果，并及时发现和纠正潜在的问题。

（3）审核财务审计计划。企业内部人员需要对财务审计计划进行定期审核和评估，以确保财务审计计划的合理性和可行性。在审核财务审计计划时，需要结合实际情况进行调整和优化，以提高财务审计的效率和效果。

（五）企业社会责任与可持续发展

内部人控制型治理模式作为一种新型的企业管理模式，其在企业社会责任与可持续发展中的应用也日益受到关注。下面将详细介绍内部人控制型治理模式在企业社会责任与可持续发展中的应用，如企业社会责任报告、环境保护等。

首先，企业社会责任报告是内部人控制型治理模式，是在企业社会责任与可持续发展中应用最为广泛的一个方面。企业社会责任报告是企业向公众和社会各界报告，其在社会责任和可持续发展方面的表现和承诺的重要工具。通过编制企业社会责任报告，企业可以向社会各界展示其在社会责任和可持续发展方面的努力和成果，以此提高企业的社会形象和声誉。同时，企业社会责任报告也是内部人控制型治理模式的一个重要组成部分，企业内部人可以通过对社会责任报告的编制和发布进行监督和控制，以确保企业社会责任和可持续发展目标的实现。

其次，环境保护是内部人控制型治理模式，在企业社会责任与可持续发展中应用的另一个重要方面。环境保护是企业社会责任的重要组成部分，也是企业可持续发展的重要保障。企业内部人可以通过对环境保护工作的监督和控制，以确保企业环境保护目标的实现，并提高企业的社会责任感和可持续发展能力。同时，环境保护也是内部人控制型治理模式的一个重要组成部分，企业内部人可以通过对环境保护工作的监督和控制，提高企业的内部管理水平，确保企业可持续发展目标的实现。

最后，内部人控制型治理模式，在企业社会责任与可持续发展中的应用还包括其他方面，如员工培训和激励、产品质量和安全等。员工培训和激励是企业社会责任和可持续发展的重要保障，企业内部人可以通过对员工培训和激励工作的监督和控制，提高员工的社会责任感和可持续发展意识，以此提高企业的内部管理水平。产品质量和安全是企业社会责任和可持续发展的重要内容，企业内部人可以通过对产品质量和安全工作的监督和控制，提升企业的社会责任感和可持续发展能力。

第五章

公司治理评价

在经济全球化的今天，企业面临着日益激烈的竞争和不断变化的市场环境。作为企业长期稳健发展的重要基石，"公司治理"成为越来越多企业关注的焦点。公司治理评价作为衡量企业治理水平的重要手段，对于提升企业治理能力、降低风险、提高效益等方面具有重要意义。本章将深入探讨公司治理评价的内容、基本原则、评价体系的构建、评价的实施与意义，以期为企业提供有益的指导和借鉴。

第一节　公司治理评价的内容与基本原则

公司治理评价是一种对企业的管理和运营进行系统评估的方法，旨在发现和解决公司治理中的问题和风险，以提升企业的治理水平和竞争力。在现代企业中，公司治理评价已经成为企业管理的重要组成部分，得到了广泛的关注和研究。

一、公司治理评价的内容

公司治理评价是对企业治理结构、治理制度等多方面进行全面、系统和客观的评估。它主要包含以下几个方面的内容。

（一）治理结构

治理结构是指公司中各种治理主体的设置和运作情况，包括董事会、监事会、高级管理层等组织结构的设置和运作情况。治理结构是公司治理的核心，其目的在于确保权利与责任的明确划分以及各治理主体之间的制衡与协作，从而保护股东的权利和利益。

在评估公司治理的基本框架时，需要关注股权结构、股东权利和利益相关者保护等方面的内容。第一，需要关注股权结构是否公平、透明，是否存在大股东滥用权力、损害小股东利益的情况。第二，需要关注股东权利是否得到保障，是否存在股东权利被侵害的情况。例如，一些公司可能会通过各种手段，如限制股东大会召开、限制股东投票权等来剥夺股东的权利。第三，需要关注公司治理是否能够保障利益相关者的权益，是否存在利益相关者被侵害的情况。例如，一些公司可能会通过各种手段，如欠薪、欠款、产品质量问题等来损害利益相关者的权益。

（二）治理制度

公司治理是一个复杂且多元化的领域，其核心在于确保公司内部的各种制度、政策和程序能够有效地运作，并符合相关法律法规的要求。在审查公司的治理政策和制度时，需要关注以下几个方面。

1.公司章程

公司章程是公司治理的基础文件，规定了公司的组织结构、股东权益、董事会和监事会的职责、股东大会的程序和决策方式等内容。在审查公司章程时，需要关注其是否符合法律法规要求，是否具有可操作性，以及是否得到了有效的执行。

2.董事会制度

董事会是公司的决策机构，负责制定公司的战略方向和决策。在审查董事会制度时，需要关注其是否具有明确的目标和职责分工，是否能够有效地监督和指导公司的运营和管理以及是否具有足够的透明度和公正性。

3. 审计和内部检查制度

审计和内部检查是公司治理中的重要环节，旨在确保公司的财务、信息和人力资源等方面的安全性和有效性。在审查审计和内部检查制度时，需要关注其是否具有全面性和有效性，是否能够有效地识别、评估和管理公司的各种风险，以及是否具有足够的透明度和公正性。

4. 激励和约束制度

在公司治理中，激励和约束制度是非常重要的一环。在审查激励和约束制度时，需要关注其是否具有科学性和有效性，是否能够有效地激发员工的积极性和创造力，以及是否能够有效地约束员工的行为。

只有确保这些制度和政策有效地运作，才能确保公司治理运作的有效性和合法性。

（三）透明度和信息披露

透明度和信息披露是公司治理的重要组成部分，有助于增强市场信心和投资者信任。在公司的运营过程中，信息披露是至关重要的环节。信息披露不仅有助于提高公司的透明度，也可以为投资者提供必要的信息，以帮助他们做出更明智的投资决策。

评估公司信息披露的及时性、准确性和完整性是公司治理中的一个重要任务。信息披露的及时性是指公司能否及时向公众披露相关信息。及时披露信息可以提高公司的透明度，让公众了解公司的运营情况，有助于增强市场信心。信息披露的准确性是指公司披露的信息是否准确无误。准确的信息披露可以避免公众对公司的误解和误导，同时也可以提高公司的信誉度。信息披露的完整性是指公司是否披露了所有相关信息。完整的信息披露可以让公众全面了解公司的运营情况，有助于公众做出更全面、更准确的投资决策。

此外，公司治理还需要关注公司是否遵循相关法律法规和行业规范。法律法规和行业规范是公司治理的基础，公司必须遵守这些规定，以确保公司的合法性和合规性。同时，公司还需要定期进行内部审计，以确保公司的财务状况和经营状况符合相关法律法规和行业规范的要求。

（四）董事会效能

评估董事会的构成、运作和绩效，包括董事会的独立性、专业性、责任感、使命感等方面，可以帮助公司更好地了解董事会的工作情况和效果，并采取必要的措施来提高董事会的效能，从而促进公司的经营和长期发展。

董事会的构成和运作是公司治理的重要组成部分。董事会的构成应包括不同领域的专家和经验丰富的专业人士，以提供不同的视角和专业知识。董事会应该定期召开会议，制定会议议程和决策程序，以确保决策过程的透明和公正。此外，董事会应制定董事会成员的行为准则和责任制度，以规范董事的行为和决策过程。

董事会的绩效评估是评估董事会工作效果的重要手段。绩效评估应包括对董事会决策的有效性和合理性、董事会成员的行为和决策过程等方面进行评估。评估结果应用于指导董事会成员的行为和决策过程，以提高董事会的效能和绩效。

董事会的独立性和专业性是评估董事会工作效果的重要指标。董事会成员应该具有独立性和专业性，以确保他们能够独立地做出决策，不受其他利益相关者的影响。此外，董事会成员应该接受专业培训和指导，以提高他们的专业知识和技能。

董事会的责任感和使命感也是评估董事会工作效果的重要指标。董事会成员应该对自己的行为和决策负责，并承担相应的责任。他们应该积极地参与公司的战略制定和风险管理，并积极地寻求解决方案，以确保公司的长远发展。

（五）高级管理层

评估高级管理层的构成、能力和绩效，关注其是否具备实现公司战略目标所必需的专业知识和经验，以及执行力和创新能力。高级管理层是公司治理的关键执行者，其能力和绩效对公司的成功至关重要。

评估高级管理层的构成和能力需要考虑多个因素。

（1）高级管理层需要具备相关领域的专业知识和经验，以制订和实施公司的战略计划。他们需要了解市场趋势、竞争对手、行业动态和法规要求等方面的知识，以便制订出具有前瞻性和可行性的战略计划。此外，高级管理层需要具备良好的沟通和领导能力，以便有效地协调和指导公司的员工，实现公司的战略目标。

（2）评估高级管理层的绩效是评估其是否具备实现公司战略目标所必需的专业知识和经验的重要因素之一。高级管理层的绩效评估应该包括其领导能力、决策能力、创新能力和执行力等方面。领导能力评估应该关注高级管理层是否能够有效地协调和指导员工，确保他们能够按照公司的战略计划行事。决策能力评估应该关注高级管理层是否能够做出明智的决策，并在决策过程中考虑公司的利益和风险。创新能力评估应该关注高级管理层是否能够推动公司的创新和发展，并采取措施促进公司的竞争力和可持续发展。执行力评估应该关注高级管理层是否能够有效地执行公司的战略计划，并确保公司的运营和财务状况良好。

（3）高级管理层的绩效评估应该包括对高级管理层的能力和绩效进行综合评估。这需要综合考虑高级管理层的专业知识、领导能力、决策能力、创新能力和执行力等方面的评估结果，以便确定他们是否具备实现公司战略目标所必需的专业知识和经验，以及他们的能力和绩效，这对公司的成功至关重要。

（六）内部控制和风险管理

公司的内部控制体系和风险管理能力是公司治理中至关重要的组成部分，能够帮助公司有效地管理风险和确保业务运营的稳定性和可靠性。因此，评估公司的内部控制体系和风险管理能力是公司治理中的一个重要环节。

内部控制体系是指公司内部建立的一系列制度、流程和控制措施，旨在确保公司运营的合规性、可靠性和效率。内部控制体系通常包括内部审计、风险评估、内部控制制度的制定和执行、内部控制制度的监督和评估等方面。在评估公司的内部控制体系时，需要考虑以下几个方面。

（1）内部控制制度的完整性。公司的内部控制制度应该覆盖公司的所有业务领域，并且应该包括内部审计、风险评估、内部控制制度的制定和执行、内部控制制度的监督和评估等方面。如果公司的内部控制制度不完整，那么它可能会导致公司的运营不规范，增加公司的风险。

（2）内部控制制度的有效性和适用性。公司的内部控制制度应该能够有效地识别、评估和应对公司的风险。此外，内部控制制度还应该与公司的业务模式、规模和复杂性相适应，以确保其适用性。

（3）内部控制制度的监督和评估。公司的内部控制制度应该得到有效的监督和评估，以确保其能够得到有效的执行和实施。监督和评估应该包括内部审计、定期报告、管理层对内部控制制度的审核等方面。

风险管理能力是指公司识别、评估、应对和管理公司内外部风险的能力。风险管理能力是公司治理中的另一个重要组成部分，能够帮助公司有效地管理风险和确保业务运营的稳定性和可靠性。在评估公司的风险管理能力时，需要考虑以下几个方面。

（1）风险识别。公司应能够有效地识别和评估公司内外部的风险，并确定这些风险的性质、程度和可能性。

（2）风险评估。公司应能够对识别出的风险进行评估，并确定这些风险的优先级和影响程度。

（3）风险应对。公司应能够制定和实施有效的风险应对策略，以降低风险的影响程度和可能性。

（4）风险监控。公司应能够对风险进行有效的监控和跟踪，以确保风险管理策略的有效性和实施情况。

在评估公司的内部控制体系和风险管理能力时，应采用科学的方法和工具，如风险矩阵、内部控制自我评估工具等。此外，还应该对公司的内部控制制度和风险管理能力进行定期的监督和评估，以确保其能够得到有效的执行和实施。

（七）公司治理与公司绩效的关系

评估公司治理对公司经营绩效的影响，关注公司治理结构和制度是否有利于提高公司价值以及其对公司长期发展的贡献。公司治理与公司绩效的关系是评价公司治理效果的重要依据，有助于优化公司治理结构和制度。

公司治理对公司经营绩效的影响表现在多方面。一方面，公司治理结构和制度直接影响公司的决策效率和风险管理能力。有效的公司治理结构和制度能够确保公司战略目标的顺利实现，提高公司的执行力和竞争力。另一方面，公司治理结构和制度也会影响公司的信息披露质量和投资者信心，进而影响公司的融资成本和市场估值。因此，评估公司治理对公司经营绩效的影响，需要综合考虑公司治理结构和制度在各个方面的作用。

公司治理与公司绩效的关系是评价公司治理效果的重要依据。公司治理结构的优化和制度的完善能够提高公司的信息披露质量，增强投资者信心，从而提高公司的市场估值和融资成本。同时，良好的公司治理结构和制度也有利于公司风险管理的有效实施，降低公司的经营风险，提高公司的经营效益。因此，公司治理与公司绩效的关系密切，公司治理结构的优化和制度的完善，是提高公司经营绩效的有效途径。

然而，公司治理与公司绩效的关系并非简单的正相关。一些研究表明，公司治理结构和制度虽然对公司的经营绩效有积极影响，但也存在一定的负面影响。例如，过于复杂的治理结构和制度可能会增加公司的管理成本，影响公司的决策效率；过于严格的治理制度和信息披露要求，可能会限制公司的创新和发展。因此，在优化公司治理结构和制度时，需要充分考虑其对公司绩效的影响，以期达到提高公司价值、促进公司长远发展的目的。

通过对以上内容的全面评估，可以对公司治理的整体状况进行准确把握，并为企业提供有针对性的改进建议。

二、公司治理评价的基本原则

公司治理评价要遵循以下基本原则，以确保评估的全面性、系统性和客观性。

（一）全面性原则

公司治理评价是一个全面的、系统的过程，旨在对公司的治理结构、制度、实践等进行深入评估。评价的内容涵盖了公司治理的各个方面，包括股权结构、董事会、高级管理层、内部控制、风险管理等。这些方面相互关联，共同构成了公司的治理体系。通过对这些方面的评价，可以全面了解公司的治理状况，为公司治理的改进提供依据。

（二）系统性原则

公司治理评价应遵循系统性原则，这意味着评价过程应该将公司治理视为一个相互关联的有机整体，而不仅仅是各个要素的简单堆砌。系统性的评价应该考虑到各个要素之间的相互作用和影响以及公司治理与公司战略、运营和绩效之间的关系。

（三）客观性原则

公司治理评价应遵循客观性原则，以事实为依据，进行公正、公平的评估。评估应避免受到主观偏见、利益关系等因素的影响，力求对公司治理的实际情况进行准确反映。

客观性原则的具体应用包括以下几个方面。

（1）评价应基于事实和数据。评价公司治理时，应该收集和分析相关的数据和信息，如公司的财务报表、治理结构的文件、监管机构的报告等。这些数据和信息应该来自可靠和独立的来源，并且应该进行充分的验证和核实，以确保评价的准确性和可信度。

（2）评价应该避免主观偏见。评价公司治理时，应该避免个人偏见和情感因素的影响。评价者应该根据客观事实和数据，对公司的治理结构进行公正、公平的评估，不应该受到任何个人或团体的影响。

（3）评价应该反映实际情况。评价公司治理时，应该力求准确反映公司的实际情况，包括治理结构、治理机制、治理效果等方面。评价者应该根据客观事实和数据，对公司治理的实际情况进行全面、深入的了解和分析，以确保评价的准确性和可信度。

在评价公司治理时，客观性原则是非常重要的。只有基于事实和数据，避免受到主观偏见和利益关系等因素的影响，才能对公司治理的实际情况进行全面、准确的评价，为改进和优化公司治理提供有效的支持和指导。

（四）比较性原则

公司治理评价应遵循比较性原则，将公司的治理状况与行业标杆、法律法规要求等进行比较，以便找出差距和改进方向。同时，可将公司治理评价结果与同行业、同规模的其他企业进行对比，以便更好地评估公司的治理水平。

在应用比较性原则时，我们也需要注意一些问题，如比较对象的相似性、比较方法的客观性、比较结果的实用性等，只有这样才能确保比较性原则的有效应用。

（五）动态性原则

公司治理评价应遵循动态性原则，关注公司治理的演变过程和趋势。评估应定期进行，以便及时发现公司治理中的问题和风险，并采取相应的改进措施。

公司治理评价是一个持续不断的过程，需要对企业的治理情况进行实时监测和更新。具体来说，评价过程包括定期评估和实时监控两个方面。定期评估可以帮助企业了解自身的治理状况，及时发现存在的问题和风险，并采取相应的改进措施。实时监控则可以对企业的治理情况进行实时监测，及时发现新的问题和风险，并采取相应的措施进行解决。

此外，公司治理评价应该对企业的治理情况进行历史分析和未来预测，以了解企业的治理状况和未来的发展趋势。具体来说，评价过程应该包括对企业的治理历史进行回顾和分析以及对企业的治理未来进行预测和规划。通过这种方式，企业可以更好地了解自身的治理状况，并制定出更加科学和有效的治理策略。

（六）可操作性原则

公司治理评价应遵循可操作性原则，确保评估方法和工具的科学性和实用性。评估应注重实际操作，力求对公司治理进行有效、可行的评价。在实际操作中，需要遵循以下几个步骤。

第一，明确评价的目的和范围。公司治理评价的目的是评估公司的治理水平，发现存在的问题，并提出改进措施。评价的范围通常包括公司的治理结构、内部控制、信息披露等方面。在明确评价目的和范围的基础上，可以制订相应的评价计划和评价指标。

第二，选择合适的评价方法和工具。评价方法和工具的选择应根据评价目的和范围进行。在评价公司治理时，常用的评价方法和工具包括问卷调查、访谈、案例分析等。在选择评价方法和工具时，需要考虑科学性和实用性，以确保评价结果的准确性和可靠性。

第三，收集和处理数据。在实际操作中，收集和整理相关的数据和信息，并进行分析和评价。在数据分析时，可以运用统计学、经济学等科学知识，对数据进行处理和分析，以得出评价结果。

（七）结果导向原则

在评价过程中，应遵循结果导向原则，即关注公司治理的实际效果，而不仅仅是表面的合规性。这意味着评价过程应该注重评价结果的应用和反馈，以促进企业的治理改进和发展。具体来说，评价结果应该被用于制定企业的治理策略和措施，以解决评价中发现的问题和风险。同时，评价结果还应该被用于对评价过程进行反馈和改进，以提高评价的准确性和可靠性。

遵循以上基本原则，可以确保公司治理评价的全面、系统和客观，为企业提供有针对性的改进建议，促进公司治理水平的提升。

第二节 公司治理评价体系的研究

公司治理评价可以帮助企业了解自身发展现状，也可以作为投资者的决策依据，公司治理评价起源于 1950 年杰克逊·马丁德尔提出的董事会治理评价系统。公司治理评价体系在分析公司治理影响因素的基础上，选取相关指标对治理水平进行量化评价。

到目前为止，学术界已经对公司治理评价体系展开了专门的研究，并构建了多种类型的公司治理评价体系。

美国于 1988 年发布的"普尔"指标，基于国家和公司这两个角度，更加多元化、更加客观地评价和归纳并解析公司的整治管理效果。国家评分方面以监管环境、法律基础、信息披露和市场为基础，公司评分方面以所有权结构、财务透明度、利益相关者的关系、信息披露以及董事会的结构与运作为基础。

戴米诺公司 1999 年推出 Deminor 公司治理评级业务，它分别从四个方面以 70 多个指标去评价公司的治理。这四个方面分别为公司治理的披露情况、董事会的结构和作用、股东的义务和权利、接管防御策略的范围。其中，着重阐述了企业所面临的大环境对企业经营情况的影响。

里昂集团于 2000 年创立了公司社会责任的评价指标，并率先在公司的整体评价和评价中引入了公司的公司治理评价系统。该治理体系分别从 7 个角度以 57 个指标对公司治理进行系统的评价。这 7 个角度分别为董事会的独立性、董事会的责任、董事会的问责性、管理层的约束、公司的透明度、公平性以及社会意识。

有学者在 2007 年通过对印度 40 家银行调查分析，构建了 6 个指标构成的评价体系，主要包括审计职能、股东权利、风险管理、信息披露的透明度、董事会效率、薪酬。

有学者通过对 184 家银行企业调查分析，以所有权结构和董事会结构为中心，设置了五个相关指标，研究银行企业不良资产和公司治理之间的关联性。所有权结构的指标包括高管股权、多数股权以及董事持股比例，衡量董事会结构的指标包括董事会独立性、董事会规模及 CEO 的二元性。

总的来说，每个评价系统都有自己的特色，比如标准普尔从国家和公司的视角来评价，戴米诺从宏观的视角来评价，而里昂则从微观的视角来评价。双重股权结构在公司治理方面的作用既有优点，也有缺点。在公司治理效果评价方面，国内学者也以我国公司的基本情况为基础，展开了研究，并在此基础上持续改进。

从投资者的角度来看，张英姿等认为，让持有不同表决权的企业上市，给了投资者更多的选择，这种资本结构的企业给了投资者更多的好处。姚一鹏等则认为，在公司治理中，资本结构的设计是最基本的，要想充分发挥公司的优势，就需要对资本结构进行有效的制约。

南开大学中国公司管理学院郝臣等采用 2004 年推出的中国上市公司治理指数（CCGINK），对 2019 年度公司管理指标进行了实证检验。从股东权利与控股股东、董事会、监事会、经理层、信息披露、中小股东权益保护六个维度，设置 23 个二级指标，75 个三级指标，全面、系统地评价上市公司治理状况

魏歆轲以 2018 年 9 月我国新发布的《上市公司治理准则》为基础，从股权结构的披露、股东权益、董事会的运作和结构、利益相关者评价、管理人员的激励和约束、企业信息的披露六个方面计算上市公司评价指数。

北京师范大学基于国际和国内相关文献，以"关注中小投资者权益"为核心，在此基础上编制了一份以"关注中小投资者权益"为核心的中国公司治理分级指标报告。

孙文彦对京东公司的双重股权体系进行了分析，认为利用这种体系既可以满足京东公司的资金需要，又可以确保创业者对公司的控制。

李维安、张耀伟、郑敏娜等主要从五个方面研究了上市公司的治理效果，主要包括盈利能力指标、成长性指标、企业价值评估、风险承受能力、融资能力等。还通过对绿色治理相关研究成果的总结，结合相关的法律法规、规则、准则等，提出了上市公司绿色治理指数，从绿色治理机制、绿色治理责任、绿色治理效能、绿色治理架构四个角度进行评价。

第三节　公司治理评价的实施与意义

在当今竞争激烈的商业环境中，公司治理已成为企业成功的关键因素之一。良好的公司治理不仅有助于提高企业的市场竞争力，还有助于保护投资者利益、降低企业风险和社会责任。然而，如何评价和改进公司治理水平成了一个亟待解决的问题。下面将探讨公司治理评价的实施过程和意义，以期为企业提供有益的指导和建议。

一、公司治理评价的实施

公司治理评价是对企业治理结构、内部控制、决策程序、信息披露等方面进行全面评估的过程，其目的是提高企业治理水平，促进企业可持续发展。公司治理评价的实施需要遵循一定的步骤和方法，以确保评估的全面性、系统性和客观性。以下是公司治理评价的一般实施过程。

（一）确定评价目标和范围

评价的目标和范围是评价的基础，对于确保评价的有效性和针对性具有重要意义。评价目标应当具体、明确，能够反映评价的重点和方向。常见的评价目标包括评价公司治理的整体状况、评价公司治理的合规性、评价公司治理的有效性、评价公司治理的风险管理能力等。评价目标应当与企业战略、市场环境、法律法规等多方面因素相结合，以确保评价的科学性和全面性。

评价范围应当明确、具体，能够涵盖评价的所有要素和内容。评价范围应当包括：评价的公司治理要素，如公司治理结构、内部控制、决策程序、信息披露等；评价的期间，如过去一年、过去三年、过去五年等；评价的对象，如上市公司、非上市公司、国有企业、民营企业等。评价范围应当与公司实际情况相结合，以确保评价的针对性和有效性。

（二）收集相关资料

在研究公司治理评价的过程中，收集相关资料是非常重要的一步。这些资料不仅有助于我们全面了解公司治理的实践和现状，还能够为研究提供有力的支持。因此，在收集资料的过程中，需要尽可能地获取与公司治理相关的各种资料，包括但不限于法律法规、公司章程、财务报告、内部控制制度、风险管理政策等。

1. 法律法规

收集与公司治理相关的法律法规资料是必不可少的。这些法律法规不仅包括我国现行的相关法律法规，也包括国际上的相关法律法规，如公司法、证券法、企业会计准则等。通过收集和分析这些法律法规，可以更好地理解公司治理的基本原则和规定，从而为研究提供坚实的基础。

2. 公司章程

公司章程是公司的基本法律文件，它规定了公司的组织结构、股东的权利和义务、公司的经营方针和目标等。因此，收集和分析公司章程资料对于研究公司治理具有重要意义。

3. 财务报告

财务报告是公司对外披露的重要信息，它反映了公司的财务状况、经营成果和现金流量等。因此，收集和分析财务报告资料对于研究公司治理具有重要意义。通过分析财务报告，可以更好地了解公司的财务状况和经营成果。

4. 内部控制制度

内部控制制度是公司内部的一种管理机制，它旨在确保公司的财务报告、内部审计、风险管理等各项工作的顺利进行。因此，收集和分析内部控制制度资料对于研究公司治理具有重要意义。通过分析内部控制制度，可以更好地了解公司的内部管理机制和风险管理措施。

5. 风险管理政策

风险管理政策是公司为了防范和应对各种风险而制定的一种政策。因此，收集和分析风险管理政策资料对于研究公司治理具有重要意义。通过分析风险管理政策，可以更好地了解公司的风险管理策略和措施。

除了以上提到的资料，还可以通过访谈、调查问卷等方式获取公司治理实践的第一手资料。通过访谈，可以了解公司的管理层、员工和其他利益相关者对公司的治理实践的看法和意见。通过调查问卷，可以了解公司的治理实践在实际运作中的具体情况，从而为研究提供更加全面和深入的支持。

（三）选择评价方法

评价方法是评价过程中用以收集、整理、分析和解释评价数据的工具。选择正确的评价方法有助于提高评价的准确性和有效性，为公司治理提供有价值的参考意见。

评价方法的选择应当充分考虑评价的目的、评价对象的性质和特点、评价数据的可获得性等因素。

1. 层次分析法

层次分析法，也称 AHP，是一种把与决策有关的元素划分为目标、准则、方案等层次，并进行定量与定性相结合的分析决策方法。采用层次分析法评价公司治理效率，可以以公司治理效率作为总目标层，将治理效率分解为多层的单个评价指标。该研究方法可以将复杂的问题通过比较、判断等手段层层分解为简单的问题，使整个研究变得清晰明确。但是层次分析法定性成分偏多，定量数据偏少，往往需要借助专家的意见，主观地判断各个层次的重要程度，可能导致评价结果缺乏客观性。当评价体系存在较多的评价指标时，评价层级也会增多，需要构建的判断矩阵规模也会变大，通常情况下对两两指标比较时以 1 到 9 衡量指标重要程度，判断矩阵规模的扩大对指标的比较会产生不利影响，甚至不能通过一致性检验，因此当评价指标较多时，层次分析法的适用性会明显减弱。

2. 主成分分析法

主成分分析法是通过"降维"的手段抹除指标间的相关性，将数量较多的指标综合提取成几个关键的重要指标。它的基本逻辑是将多个信息指标综合形成一个或几个能够概括大多数信息的指标值，但这并不意味着主成分分析法在进行简单的指标组合，相反，它是细致地从评价目标的不同方面、不同层次、不同量纲将评价指标转换为相对评价值。主成分分析法在对原始变量进行转换后形成了互不相关的主成分，过往的研究也证明了指标间的相关性越高采用主成分分析的效果就越佳。当评价指标较多时，可采用此种方法在保留大部分信息的情况下选取少数几个综合指标进行评价。此种方法虽然方便，但可能会丢失一部分信息，因此在具体操作上依据累计方差贡献率不小于 85% 提取 k 个主成分，以最大限度地减少信息的丢失。

3. 模糊综合评价法

模糊综合评价法是依据模糊数学理论，通过运用模糊关系合成原理，将部分难以定量、界限模糊的因素定量化，从而方便全面评价的一种方法。这种方法的优点是能够用比较准确的数字方式解决模糊的评价目标，数学模型容易理解，同时也可以将不确定的信息、不完全的信息转化为模糊概念，使定性问题定量化，增强了评估结果的精准度，同时评价结果可以是一个点值，也可以是一组向量，包含了比较充足的信息。但是模糊综合评价法也存在一些无法避免的缺陷，如模糊关系的矩阵、权重选择都带有一定的主观性，隶属函数的确定缺乏明确的方法。

4. 因子分析法

因子分析法是从一群变量中获取具有共性因子的统计方法，它的基本逻辑是将多个变量中联系比较紧密的一些变量划分为一类，划分出的每一类变量命名为一个主要因子，同一类因子中包含的变量通常具备高度的关联性，不在同一类因子中的变量关联度往往较弱，最终以少量的因子代表原始资料中的大部分信息。因子分析法计算因子权重则是通过对样本数据的处理，以计算出的方差贡献率相应赋予变量权重，计算出的权重有足够的客观性。概括来说，因子分析法的主要优点是在保持评价客观性的基础上简化评价过程。

（四）制定评价标准

评价标准的制定需要参考相关法律法规、行业规范、公司治理最佳实践等多方面内容，以确保评价的科学性和全面性。评价标准的制定应遵循以下原则。

1.评价标准应具有可操作性

评价标准的设定应尽可能具体、明确，以便于评价过程中各个环节的操作。同时，评价标准应具有普遍适用性，能够适用于各类公司，以便于评价结果的比较和分析。

2.评价标准应具有动态性

公司治理评价是一个持续的过程，评价标准应能够随着公司治理实践的发展而进行调整和完善。这需要评价标准制定者具备敏锐的洞察力和丰富的实践经验，以便于及时发现并解决评价过程中的问题。

3.评价标准应具有客观性

评价标准的设定应尽可能客观、公正，避免受到主观因素的影响。评价标准的客观性是确保评价结果科学、准确的前提。

（五）进行有针对性的评价

在制定好评价标准后，评价过程的实施就显得尤为重要。评价过程应包括对公司治理结构、政策、程序和实践的全面评估。这需要评价团队具备丰富的知识和经验，能够深入理解公司的具体情况，从而进行有针对性的评价。评价过程应包括以下几个方面。

（1）对公司治理结构的评估。需要评价团队对公司的组织结构、权责分配、决策机制等方面进行全面评估，以了解公司的治理结构是否合理、有效。

（2）对公司政策的评估。需要评价团队对公司的政策制定和执行情况进行全面评估，以了解公司的政策是否符合法律法规要求，是否能够有效地促进公司的发展。

（3）对公司程序的评估。需要评价团队对公司的业务流程、内部控制、风险管理等方面进行全面评估，以了解公司的程序是否科学、合理，是否能够有效地防范风险。

（4）对公司实践的评估。需要评价团队对公司的实际操作情况进行全面评估，以了解公司的实践是否符合评价标准，是否能够有效地推动公司的发展。

通过以上几个方面的评估，评价团队可以对公司治理进行全面、深入的评价，从而为公司治理的改进提供有针对性的建议。评价结果应具有客观性、科学性，能够为公司治理的改进提供有力的支持。

（六）提出改进建议

在完成上述有针对性的评价之后，需要根据评价结果提出相应的改进建议。这些建议旨在解决公司治理结构、政策、程序和实践中的缺陷和不足，以提高公司的治理水平。在提出改进建议时，需要确保建议的针对性和可行性，以便公司能够有效地实施这些改进措施。

（1）如果发现公司治理结构存在缺陷，如权力过于集中或缺乏有效的监督机制，可以提出建议，如增加董事会成员数量或引入外部监事等，这些建议可以有效地提高公司的透明度和问责制。

（2）如果发现政策、程序和实践存在缺陷，如内部控制制度不完善或风险管理策略不足，可以提出建议，如制定更为严格的内部控制制度或加强风险管理策略。这些建议可以有效地降低公司的风险和提高治理水平。

通过以上步骤，可以对公司治理进行全面、系统和客观的评价，为企业提供有针对性的改进建议，促进公司治理水平的提高。

二、公司治理评价的意义

公司治理评价对公司、投资者和其他利益相关者具有重要意义，具体体现在以下几个方面。

1. 提高公司治理水平

公司治理评价可以帮助企业发现治理结构、制度和实践中的问题和不足，从而采取相应的改进措施，提高公司治理水平。这有利于企业实现长期稳定发展，提高市场竞争力。

2. 保护投资者利益

公司治理评价可以为投资者提供关于企业治理状况的有价值信息，帮助他们评估投资风险和收益，作出更明智的投资决策。这有利于保护投资者利益，促进资本市场的健康发展。

3. 降低企业风险

公司治理评价有助于发现企业治理结构和制度中的潜在风险，从而采取预防性措施，降低企业经营风险。这有利于保障企业的财务安全和业务稳定，提高市场信心。

4. 提高透明度和信息披露质量

公司治理评价关注企业的透明度和信息披露质量，促使企业按照相关法律法规和行业规范进行信息披露，提高信息的及时性、准确性和完整性。

5. 增强社会责任和可持续发展能力

公司治理评价关注企业在环境保护、社会责任和公司治理方面的表现，促使企业积极履行社会责任，提升可持续发展能力。

6. 优化资源配置

公司治理评价有助于资本市场对公司进行更准确的价值评估，促使资源向治理水平高的企业倾斜，优化资源配置，提高整体经济效率。

7. 促进法律法规和政策的完善

公司治理评价可以为政策制定者提供关于公司治理实践的反馈，有助于发现法律法规和政策的不足，从而推动相关法律法规和政策的完善。

总之，公司治理评价对公司治理水平的提高、投资者利益的保护、企业风险的降低、透明度和信息披露质量的提高、社会责任的增强、资源配置的优化以及法律法规和政策的完善等方面具有重要意义。

第六章

公司治理的现代化

在社会经济不断发展的过程中，现代公司也面临着日渐激烈的竞争环境，为实现公司的高质量、可持续发展，助力国家经济建设与发展，需要公司内部加大治理力度，不断提高治理水平，并基于《中华人民共和国公司法》相关要求不断优化治理结构以及模式。目前，我国多领域现代公司所建立的治理模式趋于多样化，为有效提高公司治理能力与水平，需要公司治理结构及模式全面符合公司法要求，在公司法指导及制约下，使公司更合法、高效地运营，促进公司整体管理水平提高，应对各类挑战，推进公司的良性运营与发展。

第一节　公司治理现代化的内涵与要求

进一步完善中国特色公司治理结构，实现公司治理现代化，构建高水平社会主义市场经济体制，是促进我国经济高质量发展的关键抓手。本节主要对公司治理现代化的内涵与要求进行阐述。

公司治理是指企业所有者对经营者的一种监督和制衡机制，通过制度建立、结构优化，对所有者和经营者的权责利进行约束和激励，协调两者之间的利益关系，解决两权分离下产生的委托代理问题，防止经营者与所有者利益的背离，提高公司经营效率，推动企业高效运作并创造价值。从公司环境与运行机制来看，公司治理主要包括内部治理和外部治理。其中，内部治理指的是企业内部各利益主体相关的制度化建设，使内部管理制度清晰有效，提高企业治理绩效；企业外部治理主要指外部的市场监督和法律保障，包括政府监管部门、社会中介机构、外部市场发育程度、法规制度健全程度、大众媒体监督力度等方面。

公司治理现代化是指企业在不断发展和变革的过程中，适应新的经济、社会和科技环境，对公司治理结构、制度、方式和手段进行创新和优化，以提高公司治理的有效性和适应性。公司治理现代化的核心目标是实现公司治理的科学化、规范化、透明化和智能化，从而提升企业的竞争力和可持续发展能力。

公司治理现代化要求企业在完善治理结构、健全治理制度、提高信息披露质量、强化内部控制、加强监管机制、推动社会责任和引入现代信息技术等方面作出改变和提升。主要有以下几点。

（1）完善公司治理结构。优化董事会、监事会和高级管理层的构成，确保公司治理结构的科学性和有效性。加强董事会的独立性，提高董事会的决策能力和监督能力。强化监事会的监督职能，确保公司经营活动的合规性。优化高级管理层的组织结构，提高管理效率。

（2）建立健全公司治理制度。完善公司的基本管理制度，如公司章程、董事会制度、监事会制度等。制定具体的操作规程和实施细则，确保公司治理制度的有效执行。加强内部审计和风险管理，确保公司经营活动的安全性和稳定性。

（3）提高信息披露质量。加强信息披露的透明度和及时性，确保投资者和利益相关者能够获取公司的相关信息。完善信息披露制度，明确信息披露的内容、方式和频率。加强对信息披露的监管，确保信息披露的真实性和准确性。

（4）强化内部控制。建立健全内部控制体系，包括财务控制、风险控制、合规控制等方面。加强对内部控制的审计和评估，确保内部控制的有效性和针对性。提高员工的内部控制意识，加强培训和教育。

（5）加强监管机制。完善法律法规，明确监管机构的职责和权限。加强对上市公司和重要行业的监管，提高监管的有效性和针对性。加强对公司治理违法行为的处罚力度，维护市场秩序和投资者权益。

（6）推动公司社会责任。关注企业的社会责任和环境保护，树立良好的企业形象。积极参与社会公益活动，回馈社会和利益相关者。加强员工关怀和培训发展，提升员工的满意度和忠诚度。

（7）引入现代信息技术。利用现代信息技术手段，如大数据、云计算等，提高公司治理的智能化水平。通过数字化转型，优化公司治理流程，提高治理效率和透明度。

第二节　公司治理体系与治理能力现代化建设的实践路径

一、公司治理体系现代化的要求

公司治理体系是基本产权结构下对公司进行控制和管理的体系。推动公司治理体系现代化最重要的是制度层面的创新和改革，强调利用公司治理架构与管理机制的健全来提高企业决策的有效率与科学化，以符合中国特色现代企业制度，实现产权清晰、权责明确、政企分开、管理科学，形成各司其职、各负其责、协调运转、有效制衡的结构机制，实现科学规范运营，不断强化核心竞争力和抗风险能力的内在需求。

（一）"十四五"期间公司治理体系现代化的新要求

《会计改革与发展"十四五"规划纲要》对公司内部治理要求进行细化，细化对上市企业、国有国资企业、民营企业的具体改革任务，要求各类公司积极完善内控制度，加强内控实施策略，以推动公司治理现代化；党的二十大报告强调"中国式现代化"，并指出公司治理是现代化的核心体现，是国家治理现代化的重要部分之一。因此，"十四五"时期，在外部政策改革和内部规范治理的共同影响下，上市企业、国有国资企业、民营企业等公司治理体系现代化同样处在转型升级的重要阶段，在内容上要求向股权多元化、信息透明化、运营有序化、经营国际化、系统信息化转化，在方式上需要加快推进制度建设、优化股权结构、内外部治理机制相结合、加强内控管理制度、提升经营活动的创新性等。

（二）上市公司治理体系现代化的要求

当前，经济社会处在高质量发展过程中，上市公司同样需要建立健全现代企业制度，加强公司治理结构和机制创新，提高上市公司规范治理现代化水平，顺应《上市公司治理准则》的制度要求，规范运作。"十四五"规划中出台一系列相关法律法规，对上市企业的公司治理体系现代化提出了更高的标准。2020年10月，国务院发布《关于进一步提高上市公司质量的意见》，将"提高上市公司治理水平"摆在了更重要的位置，指出以上市公司治理水平的提升来推动公司质量。因此，上市公司在推动公司治理体系现代化过程中，应重点做好以下三点：一是建立健全激励约束机制，提高上市公司内部控制水平和管理体系，推动公司治理机制创新和结构优化。二是应加强内部、外部监督水平，提高信息披露质量，防止财务造假、利益输送、操纵市场等违法经营行为。三是建立独立董事制度，扩大监事会职权，保证股东、经营者、高管人员各尽其责，提高上市公司自主性治理水平，形成上市公司质量的工作合力。

（三）国有国资企业治理体系现代化的要求

现代企业制度背景下，国资国企深化改革同样进入转型升级的关键阶段。《"十四五"规划纲要》指出国有国资企业需要建立有效的法人治理机构，保证公司规范、高效运作。党的二十大报告则要求深化国资国企改革，放大国有资本的影响力，优化国有企业公司治理结构调整，实现国资国企高质量发展。国有国资企业在推动公司治理体系现代化过程中，要重点抓好以下三点：一是要提高国有资本占比，引入非国有资本战略投资，改变国企股权高度集中的现象，积极稳妥深化国有国资企业混合所有制改革，合理设计和调整优化混合所有制企业股权结构，调整经济布局、规范治理结构，激发国有国资企业创造力。二是将党的领导融入公司治理体系中，发挥党组织的领导核心作用，加强党组织和国企"三会一层"的关系，提升内部控制有效性。三是完善授权管理，厘清各层级之间的利益关系，推动混合所有制企业着力完善治理体制，深度转换经营机制。

（四）民营企业治理体系现代化的要求

民营企业因其发展特点，经营层和高管层多由家族成员担任，建立现代企业制度下公司治理机制，需要从管理制度的健全性、组织结构上进行改进。在外部环境和企业成长需要的双重推动下，民营企业还需持续改进治理结构，不断完善管理体系。一是规范公司治理结构，要求企业明确自身产权结构，合理安排并落实股东、经营者、企业高层各级人员的权责利，来确保企业依法有效制订各项经营决策和经营计划，明确各层级、各项工作授权批准的范围、流程、责任人，建立健全多层次内部控制制度，保证企业内部管理体系的有效建设。二是强化内部审计和外部监督相结合的机制，来监察并改善内控和管理流程，确保执行的有效性，提高会计信息的准确性和真实性，内外部协同治理，推动公司治理体系现代化建设。

二、社会中介机构深化推动公司治理体系现代化的思路

2023 年 2 月，中共中央办公厅、国务院办公厅印发的《关于进一步加强财会监督工作的意见》指出要积极构建财会工作体系，健全工作机制，搭建财会监督的"四梁八柱"。对此，财政部在 2023 年积极开展财会监督专项行动，立足财会监督的主责，健全财会监督体系，硬化激励约束。这也对社会中介机构的执业质量、财经纪律、增值效能等均提出了新的要求。作为促进公司治理体系现代化的重要力量，社会中介机构更应确保独立、客观、公正、规范执业，提高专业服务能力和执业监督作用，推动诚信建设、加强人才培养、提升业务能力、做好数字化转型升级、科技创新工作、加强内部治理监管，以便更好地发挥社会中介机构服务的有效性，进一步加强财会监督工作，发挥财会监督职能作用，促进财会监督与其他各类监督贯通协调，以增强外部治理效益，进一步推动公司治理体系现代化，促进公司高质量、可持续性发展。

（一）强化诚信建设，加强行业自律

诚信文化作为行业质量建设之本、固本之源，是执业的核心。第一，社会中介机构从自身出发坚守诚信，向投资者、企业、社会、国家政府等提供诚信、专业的服务，承担相应的社会责任，保持公平、公正、公开、独立等社会中介机构的基本特征，强化诚信意识、创新服务理念、改进服务形式、拓宽服务领域，切实提高业务服务的能力和水平。第二，业务人员坚持以诚为本、以信立人，在执业的每个环节都守住诚信底线，筑牢法律红线，内化诚信职业道德成为业务人员的基本品质和日常行为。第三，推进社会中介机构行业建设，由行业协会引导各社会中介机构做到诚信服务，坚持人才培养与规范管理相结合、拓宽业务领域与提升业务质量相结合、行业自律与自身建设相结合，大力培育中介服务市场，充分激发市场活力。

（二）强化人才培养，提升专业能力

执业人才的专业能力是社会中介机构执业水平的象征，高素质全面化的人才能提高中介机构的业务质量和水平。第一，社会中介机构应加强从业人员的教育和培训工作，规范从业人员资格考试，以提高从业人员的基本知识、实践技能和责任意识，提升全行业的业务能力、管理水平和综合竞争力。第二，重视复合型人才队伍建设，从人才背景层次划分进行有针对性的培训，在培训内容和形式上不断创新，通过组建并培育复合型人才队伍，扩大精通业务、全面发展的专业人才数量，为行业高质量执业提供人才保障，为行业拓宽新型业务领域打好坚实人才基础。第三，充分利用新型传播方式，树立中介服务的品牌和价值，吸引更多的人才理解并加入中介服务行业，奠定人才引进和培养的坚实基础。

（三）以数字化转型升级为契机进一步提高服务质量和效率

在当前数字化、网络化、智能化经济时代背景下，社会中介机构要顺应时代发展的潮流，积极转型升级，提高服务的质量与效率。第一，要加大行业信息技术创新和运用，更新业务工作方法，在数字化服务方面不断总结经验、探索创新，确保业务服务流程适应现代化财务信息的要求，对冲传统数字化风险。第二，顺应数智化时代要求，推动数字化思维、技术转型升级，搭建各类数字化工具，来协同业务、人才等各项资源，实现业务数据更高效精准地分析应用。第三，推动人才数字化转型，不仅要精通业务知识，也需要兼备 IT 系统、人工智能、数据分析等数字化能力，提高工作效率和服务质量，推进可持续发展。

（四）以业务能力提升为基础进一步拓宽行业服务领域

作为专业服务业，社会中介机构的本质特征是保持专业性，而保持专业性要求做好专业知识和能力的培育和坚持。第一，当前我国已转向高质量发展阶段，要求社会中介机构的业务向专业化、精细化、高端化延伸，从基础服务向增值服务拓展，拓宽业务领域，加强自主创新能力，大力提升发展能级和竞争力，适应服务经济社会建设需要。第二，加强行业建设，强化行业自律，打破地域、行业壁垒，加大行业内部交流，促进行业整体业务服务水平的提升，以加大市场培育，激发市场活力。

（五）做好内部治理工作,提高执业质量

社会中介机构要做好内部治理工作，完善已有的质量管理体系，以适应新的市场和监管需求，督促提升执业质量。第一，加强一体化管理，业务、财务、管理、技术和信息"五位一体"，要求一体化管理更加公开、透明，加强内部管理，提高执业质量。第二，完善内部控制制度，在整体层面应当做好质量管理体系统一规划，落实到业务实施各项流程。第三，建立风险评估机制，结合各类社会中介机构的特点和实际，探索新型技术方法，积极开展质量风险评估机制，指导质量管理活动。

现代企业制度背景下，公司治理要求更为现代化、国际化，而社会中介机构凭借其特有的独立性、专业性，在公司治理和治理体系现代化中充当了重要的角色，弥补了公司内部治理的薄弱环节。

三、公司治理能力现代化对企业价值影响的作用机理

公司治理能力现代化，是基于组织治理能力现代化在企业中衍生出来的具体应用。公司治理能力现代化是指发展理念的现代化即公司采取股东大会、董事会与监事会"三会"机制的管理理念；管理模式的现代化即公司采取内部监督约束的管理模式；管理手段的现代化即公司采取薪酬激励创新的管理手段。

（一）公司治理能力现代化对企业价值的影响

研究表明，公司治理能力现代化与企业价值之间存在着积极影响。

1. 股权结构方面

从集中度上分类，可以分为高度集中型、适度集中型与高度分散型三类。一方面，由于民营企业成立企业时的特殊性，创业初期一般是一两个主要股东占据主导地位，属于高度集中型，他们以公司价值最大化为目标，在公司初创期对企业的经营规划相对友好，能够提高决策效率。另一方面，随着公司规模的扩大，实行公司治理能力现代化的民营上市企业，为了公司的健康有序发展，在发行股票进行筹资的过程中，会产生其他股东与创始人一起管理公司，这个时候会引起股权分散，属于股权适度集中型，众多公司股东集思广益、建言献策，为引导公司更好更高质量地发展积极贡献。

2. 董事会规模

民营上市企业为规范公司有效运作，依照有关章程设立董事会。董事会秉承着对股东大会负责的原则，承担着召集股东大会与执行股东大会决议的责任。一个优秀的董事会，必须独立于管理者与股东，由于我国上市公司大多是由股东大会推荐产生的董事会，因此在独立性方面缺少制约抗衡。基于此，董事会设立部分比例的独立董事，独立董事优势的人数占比加上健全的组织机构弥补了董事会缺乏独立的劣势，现代化的董事会设置能够有效对企业管理者提出建议，达到公司价值提升的目标。

3. 高管激励

一般来说，企业要向上发展，核心岗位的骨干成员的培养必不可少。公司价值的体现主要就是少部分公司高管的集体成果范式。

在我国上市企业中，最常见的激励方式就是股权激励。在公司内部按照自有的人才评选机制，选出对公司发展最有贡献的一批骨干技术员工或高级管理人员，分配以固定数量的股份；同时高管的薪酬制度与绩效考核标准环环相扣、紧密联系，形成对高管等核心员工的全方位的系统的激励标准。激励这部分公司核心员工充分发挥自身专长，为公司价值创造更多收益。

4. 内部监督

目前我国的法律体系尚未健全，民营上市企业所面临的外部监督环境与国有企业趋同，即没有完善的法律保障为公司治理保驾护航。因此主要探讨公司内部监管手段，即设立监事会。监事会的存在即是为了与董事会分权制约，不同于传统民营上市企业，公司治理能力现代化的落实，使监事会与董事会之间权责分明，同时由于股权的相对集中，避免了监事会被大股东操纵的风险，保证了监事会的内部监督作用。

公司治理能力现代化对企业价值有积极作用。普遍来说，公司价值越高，其公司治理能力现代化程度越高；公司治理能力现代化落实越到位，该公司价值保持稳定并不断提高。公司治理能力现代化，指的是发展理念的现代化，管理模式的现代化与管理手段的现代化。

（二）公司治理能力现代化对企业价值的实现路径

企业存在的本质意义是为了追求利润，价值最大化是其最终目标。公司所有者为了股东利益最大化而聘请专业的经营人员管理公司，提升公司核心竞争力，扩大市场占有率。有学者发现公司治理水平在一定程度上能够有效影响公司价值，公司治理能力现代化对企业的经营发展存在正向的积极作用。

1. 权力的配置影响企业的经营决策

公司治理能力现代化其中一个显著的特征就是发展理念的现代化。即公司采取股东大会、董事会、监事会"三会"机制的管理理念。董事会由股东大会推荐产生并且对股东大会负责；监事会的作用是为了与董事会分权制约。公司治理能力现代化其实是平衡好股东大会、董事会与监事会之间的权力分配问题。任何一方的权力过高都会导致天平的失衡，不利于公司价值的提高。董事会作为股东大会的执行机构，受股东大会调遣。公司治理能力现代化考虑了这个缺陷，企业在董事会中设立了相当比例的独立董事，可以从一定程度上保证董事会的独立性。"三会"机制发挥应有的作用将会引导高效率的权力配置，节省公司资源投入，约束管理层，保护股东利益，提高公司价值。

2. 激励机制保证所有者与经营者的利益一致化

管理手段的现代化也是公司治理能力现代化的重要表现，即公司采取薪酬激励创新的管理手段。因为企业的所有者是股东，管理层只是经营者，正所谓铁打的股东流水的管理层，股东享有公司剩余所有权，而经营者大多只享有薪资报酬，因此有些管理层为了自身利益最大化，在被企业聘请期间会采取虚假的经营手段为自己争取较多的福利。股东逐利的本质也总是试图用最小代价获得最丰厚的报酬，并且管理层的薪资是由股东制定实施的，经营者无权干涉，这就会导致股东与管理层之间出现矛盾，进而损害公司价值。薪酬激励创新机制的实行，将管理层与公司前途命运紧密联系在一起，公司通过常见的股权激励方式，拿出部分股票奖励公司管理层，对于表现突出的高管，可以适当增加股权比例，激发他们的工作积极性，保证管理层的经营朝着公司价值最大化的方向靠近。除了股权激励外，公司还可以采取各种激励政策如奖金等使得管理层与股东利益保持一致性，提升公司价值。

3. 内部监督通过作用公司治理从而提高公司价值

管理模式的现代化是公司治理能力现代化的本质要求。内部监督约束机制能够制约公司管理层，它为薪酬激励创新机制的实行提供保证，在企业为了使管理层与股东利益一致性而做出激励创新机制时，一方面，董事会和监事会受股东大会委托监督管理层，对于管理层有损于公司价值的不当决策给予指正。另一方面，通过内部控制等审计方式，监督管理层的履约责任完成率，在企业内部形成自查自纠机制，与激励机制共同作用保证公司价值最大化。

参考文献

[1]剧锦文.企业与公司治理理论研究[M].北京：中国经济出版社，2018.

[2] 何荣宣.公司治理概论 [M].北京：北京理工大学出版社，2021.

[3] 唐静，许陈生，李晓莉.公司治理原理与案例 [M].广州：广东高等教育出版社，2020.

[4] 顾正娣.公司治理结构与公司融资结构研究 [M].南京：东南大学出版社，2022.

[5] 李孟洁，许方佩，夏爱红.转型经济中的公司治理与变革 [M].上海：同济大学出版社，2019.

[6] 王胜桥，朱兰亭.公司治理 [M].北京：清华大学出版社，2022.

[7] 江义火，郭小梅.董事会领导力 公司治理与企业绩效评估 [M].北京：经济科学出版社，2022.

[8] 叶林.公司治理制度 理念规则与实践 [M].北京：中国人民大学出版社，2021.

[9] 田菊会.国际化背景下公司治理研究 [M].北京：世界知识出版社，2019.

[10] 胡晓明，许婷，刘小峰.公司治理与内部控制 [M].2 版.北京：人民邮电出版社，2018.

[11] 张银杰.公司治理 现代企业制度新论 [M].4 版.上海：上海财经大学出版社，2022.

[12] 李红军.公司法现代化研究 [M].成都：四川人民出版社，2022.

[13] 赵忠龙.公司法的私法限度与公法影响 [M].北京：社会科学文献出版社，2018.

[14] 周世岩.以党的二十大精神为指引推进公司治理体系和治理

能力现代化 [J]. 北京石油管理干部学院学报，2023，30（2）：47-48.

[15] 白雪峰. 推进央企控股上市公司治理体系和治理能力现代化 [J]. 北京石油管理干部学院学报，2023，30（2）：45-46.

[16] 张宇. 创新差异化管控推进公司治理体系和治理能力现代化 [J]. 北京石油管理干部学院学报，2023，30（2）：51-52.

[17] 郑志刚. 公司治理的"是"与"不是" [J]. 董事会，2020（11）：82-84.

[18] 李维安，李元祯. 中国公司治理改革迈向新阶段 [J]. 董事会，2020（10）：23-35.

[19] 李欣蔚，刘瑜仑，吕晶晶. 公司治理结构与内部控制体系优化 [J]. 合作经济与科技，2022，（21）：101-103.

[20] 黄忠航. G 公司内部治理结构问题研究 [D]. 哈尔滨：黑龙江大学，2022.

[21] 杜聪华. 关于企业内部控制的若干思考 [J]. 投资与创业，2022，33（14）：133-135.

[22] 刘旭. 我国国有上市公司内部治理结构研究 [J]. 投资者，2021（3）：118-130.

[23] 高明华. 完善我国独立董事制度 [J]. 中国金融，2022（5）：85-87.

[24] 杨雄胜. 内部控制理论研究新视野 [J]. 会计研究，2005（7）：49-54+97.

[25] 陈建红. 论内部控制、风险管理和公司治理的调配 [J]. 长江大学学报（社会科学版），2016（9）：46-49.

[26] 阎达五，杨有红. 内部控制框架的构建 [J]. 会计研究，2001（2）：9-14，65.

[27] 吴丽君，卜华. 公司治理、内部控制与企业社会责任信息披露质量 [J]. 财会通讯，2019（12）：82-86.

[28] 李心合. 企业内部控制研究的中国化系列之一：企业内部控制的新解读 [J]. 财务与会计，2022（1）：16-24.

[29] 李粮. 公司治理、内部控制与混改国企协调发展——基于利益相关者理论的视角 [J]. 经济问题，2020（5）：79-88，122.

[30] 李维安. 国企从企业治理模式向公司治理模式转型 [J]. 现代国企研究，2018（Swppl1）：86-89.

[31] 王灵昕，袁蕴．公司治理、内部控制对企业环境信息披露质量的作用机制研究——基于中国重污染企业的证据 [J]. 中小企业管理与科技，2022（18）：108-110.

[32] 顾洋欣．多元股权公司治理结构模式分析——以 W 公司为例[J]. 企业改革与管理，2023（20）：71-73.

[33] 陈涛．上市公司治理模式差异化及借鉴[J]. 现代企业，2021（8）：89-90.

[34] 卢浩．基于公司法视阈下的公司治理模式 [J]. 现代企业文化，2022（25）：25-27.

[35] 张芮敏．国际视角下建立良好的公司治理模式的建议[J]. 中国管理信息化，2021，24（14）：38-39.

[36] 刘俊海．上市公司独立董事制度的反思和重构——康美药业案中独董巨额连带赔偿责任的法律思考[J]. 法学杂志，2022，43（3）：1-27.

[37] 姜彬彬．双重股权结构下高科技公司治理模式研究——基于优刻得和阿里巴巴的双案例分析 [D]. 蚌埠：安徽财经大学，2020.

[38] 许年行，谢蓉蓉，吴世农．中国式家族企业管理：治理模式、领导模式与公司绩效 [J]. 经济研究，2019，54（12）：165-181.

[39] 施芊芊．家族企业、内部控制与公司治理刍议——以真功夫为例 [J]. 企业改革与管理，2017（16）：50.

[40] 张英姿，李曜．双重股权结构在香港资本市场的实践反思 [J]. 上海金融，2020（12）：68-73.

[41] 姚一鹏，房慧敏．双重股权优劣势分析——基于创始股东激励约束视角 [J]. 商业经济，2021（4）：181-183.

[42] 郝臣，程新生．中国上市公司治理评价研究——基于 2019 中国上公司治理指数的分析 [C]. 中国公司改革与发展研究会．中国公司改革发展优秀成果 2019（第三届）上卷．中国公司改革与发展研究会：中国公司改革与发展研究会，2019：58-72.

[43] 魏歆轲．新治理准则下上市公司治理评价体系构建及应用研究 [J]. 会计师，2020（13）：6-7.

[44] 中国公司治理分类指数报告 N0.19[M]. 中国出版集团东方出版中心，2020.

[45] 孙文彦．双重股权结构对京东公司的绩效影响研究 [D]. 南京信息工程大学，2017.

[46] 邓欣. 重股权结双构下公司内部治理效应研究 [D]. 中南财经政法大学，2019.

[47] 李维安，张耀伟，郑敏娜，等. 中国上市公司绿色治理及其评价研究 [J]. 管理世界，2019，35（5）：126-133+160.

[48] 林少伟. 公司法程序规范优化的逻辑转向 [J]. 南京师大学报(社会科学版），2023（1）：124-134.

[49] 邓光娅，姜东林.《公司法》修订筹备背景下公司治理结构分析 [J]. 合作经济与科技，2022（3）：128-130.

[50] 刘俊海. 新《公司法》的设计理念与框架建议 [J]. 法学杂志，2021，42（2）：1-20.

[51] 刘俊海. 推动公司法现代化，优化营商法律环境 [J]. 法律适用，2020（1）：75-88.

[52] 刘俊海. 基于公司理性自治的公司法规范重塑 [J]. 法学评论，2021，39（5）：1-12.